Herausgegeben von
HEINZ SIELMANN

FREDERIC H. WAGNER

KNAURS
TIERLEBEN
IN DER WÜSTE

Mit 235 meist farbigen Fotos und Zeichnungen

DROEMER KNAUR

Seite 1:
Eine Ernteameise (Veromessor) trägt in der Sonora-Wüste einen Blütenkopf in ihr unterirdisches Nest. Die Vorratskammer der Ameisen, von der die Tiere in Dürrezeiten leben, kann mehr als ein Kilogramm Sämereien enthalten.

Seite 2/3:
Obwohl der hier abgebildete australische Dornteufel oder Moloch (Moloch horridus) der nordamerikanischen Krötenechse (Phrynosoma) stammesgeschichtlich fernsteht, stimmen beide in ihrem Aussehen und in ihren Ernährungsgewohnheiten – sie leben von Ameisen – auffallend überein. Solche Organismen bezeichnet man als »ökologische Äquivalente«.

Seite 4/5:
Spießböcke (Oryx gazella) ziehen über die Dünen der südafrikanischen Wüste Namib. Während die meisten afrikanischen Huftiere Grassteppen, Savannen und Wälder als Lebensraum bevorzugen, bewohnen diese widerstandsfähigen Tiere Dünenlandschaften und offenes Gelände. Spießböcke schließen sich zu Herden von 30 bis 40 Tieren zusammen, die nomadisch umherziehen.

Folgende Seiten: Die Sanddünen der Namib-Wüste im Südwesten Afrikas erheben sich als weite, kontrastreiche Kulisse hinter einem Süßwasserteich. Sand ist zwar ein unfruchtbarer Boden, aber er ist porös, so daß das seltene Regenwasser hindurchsickert und den Pflanzenwurzeln Feuchtigkeit zuführt. Oder es fließt unter seiner Oberfläche dahin und läßt Oasen entstehen.

1. bis 50. Tausend

Deutsche Ausgabe
© Droemersche Verlagsanstalt Th. Knaur Nachf.
München/Zürich 1980
Übersetzung von Dr. Siegfried Schmitz
Titel der Originalausgabe: Wildlife of the Deserts (© 1980)
Hergestellt nach Plänen der Chanticleer Press, New York
Umschlaggestaltung: Franz Wöllzenmüller, München
Satz: Appl, Wemding
Gesamtherstellung: Dai Nippon Printing Co., Limited, Japan

ISBN 3-426-26028-X

Inhalt

Wüsten am Humboldtstrom

Bei dem Wort Wüste denken die meisten Menschen an die Bibelworte vom ersten Schöpfungstag »Am Anfang war die Erde wüst und leer«, und sie verbinden mit dieser Landschaft die Vorstellung einer trostlosen Einöde. Immerhin stammt das englische Wort *desert* vom lateinischen *desertus,* was »verlassen« heißt.

Wer sich aber bemüht, die Wüste näher kennenzulernen, wird staunend bemerken, daß sie recht unterschiedlichen physikalischen Auswirkungen unterliegt und überraschend viele Tiere und Pflanzen beherbergen kann. Die meisten von ihnen mit faszinierenden Anpassungsfähigkeiten an extreme Lebensbedingungen.

Kein Wüstenbereich hat mich auf meinen »Expeditionen ins Tierreich« stärker beeindruckt als die Atacama-Wüste, die sich in einer Länge von 3000 Kilometern von Chile bis kurz vor Ecuador an der Pazifikküste von Südamerika erstreckt. Bei meinem ersten Besuch war die Küstenregion in dichten Nebel gehüllt. Bei der Fahrt auf der berühmten Fernstraße, der Panamericana, mußten wir auf der Hut sein, um den vielen Bulldozern rechtzeitig auszuweichen, die tagein, tagaus die Sandmassen vom endlosen Asphaltband schieben, die der ständige Passatwind von den Dünen weht. Hier zeigte sich die Wüste für Menschen besonders abweisend. Kein Grün weit und breit, nur trostloser, kahler Boden, trotz der Berührung mit den Wassermassen des Ozeans. Das liegt daran, daß keine der hier vorherrschenden Luftströmungen, weder Südostpassat noch Westwinddrift, Regen bringt. Als warme und trockene Winde wehen sie über den kalten Humboldtstrom, der sie abkühlt und ihnen keine Feuchtigkeit mitgibt.

Nur im Südwinter bilden sich im nördlichen Bereich der Atacama Wolken und Nebel, die an der peruanischen Küste als Nieselregen, die *garúa,* vor allem die höheren Hügel benetzen und eine oft üppige »Lomavegetation« hervorbringen, die sogar Ziegen- und Schafhaltung ermöglicht.

Während die Atacama-Wüste durch die Auswirkungen des kalten Humboldtstroms fast kein Leben zeigt, ist das angrenzende Meer von tausendfältigem Leben erfüllt. Die kalte Meeresströmung ist sauerstoffreicher als warmes Wasser. Hinzu kommt, daß die Auftriebswasser große Mengen von Nährsalzen an die Oberfläche bringen, und so gedeiht in dem nährstoffreichen Meeresstrom besonders üppig das Plankton, pflanzliche und tierische Kleinorganismen, die die Hauptnahrung der Anchovetas sind.

Dieser zehn Zentimeter lange Fisch, der in riesigen Schwärmen im Humboldtstrom lebt, ist für die menschliche Ernährung ungeeignet, aber Hauptnahrung von Kormoranen, Tölpeln und Pelikanen. Etwa 35 Millionen Seevögel, die täglich an die tausend Tonnen Fisch verzehren, haben mit ihren Verdauungsausscheidungen, dem Guano, ihre Nistbereiche am Küstensaum und auf den vorgelagerten Inseln zu

Guanowüsten verwandelt. Vor Beginn des neuzeitlichen Abbaus dieses wertvollsten Naturdüngers hatte die Guanoschicht eine Höhe bis zu 75 Metern erreicht.

Da es in diesem Küstenbereich nicht regnet, konnte die Guanoschicht immer weiter anwachsen. Schon die Inkaherrscher Perus wußten, daß Guano ein hervorragendes Düngemittel für die Landwirtschaft ist. Der Abbau, wie überhaupt das Betreten der Vogelkolonien, war bei Todesstrafe verboten.

Als 1840 der Chemiker Justus von Liebig erkannte, daß Guano dreißigmal wirksamer ist als der beste Stalldünger, begann ein regelrechter Raubbau. Bereits 1856 wurden 50 000 Tonnen abgebaut und hundert Jahre später an die 330 000 Tonnen pro Jahr. Dabei wurden riesige Gewinne erzielt. Der hemmungslose Abbau machte aber allen klar, daß der Reichtum bald versiegen mußte. Während der Guano früher das ganze Jahr hindurch gefördert wurde, gönnt man den Vögeln jetzt in der Brutzeit völlige Ruhe.

So hatte ich einige Mühe, eine Genehmigung zum Besuch der »Vogelfestungen« zu erhalten. So überwältigend es auch gewesen ist, sich eine Woche lang unter Millionen Vögeln aufzuhalten, war es doch kein reines Vergnügen. Aus den gefiederten Wolken regneten ständig zahllose Vogelläuse und andere Plagegeister auf uns herab. Sie drangen durch die Bekleidung, durch Schuhe und Strümpfe, man konnte nichts dagegen tun. Hinzu kam der ewig wehende Staub des beißenden, übelriechenden Guano, der sich in Mund, Nase und Ohren festsetzte. Die Arbeiter, vor allem Hochlandindianer, haben es beim Abbau wirklich nicht leicht. Zwölf Stunden am Tag lockern sie mit Pikkeln und Schaufeln den harten Vogelmist, füllen ihn in Säcke und tragen ihn zu den Lastwagen.

Peru verdankt einen guten Teil seines Reichtums dem Guano. Bis zum Ersten Weltkrieg wurde der größte Teil exportiert, danach im Lande verbraucht. Während beispielsweise in Ägypten, dem bedeutendsten Baumwollproduzenten, 70 Kilogramm Baumwolle pro Jahr auf einem Hektar geerntet werden, kann Peru auf magerem, künstlich bewässertem Wüstenboden fast die fünffache Menge erreichen.

Ich erlebte das an einem Wasserlauf, der, aus den Anden kommend, die Atacama-Wüste durchzieht. Durch ein Netz von Gräben hatte man ein ertragreiches Agrarland geschaffen, in dem nicht allein Baumwolle, sondern auch viele andere Produkte wie Gemüse bis zu dreimal im Jahr geerntet werden.

Längst ist der Mensch in der Lage, Meerwasser in Süßwasser zu verwandeln und das lebenspendende Naß durch Bewässerungsrohre in die Wüste zu leiten. Oder es befinden sich, wie in der Sahara, tief unter dem Wüstenboden riesige Wasserreservoirs. So ist im Hinblick auf die stark anwachsende Erdbevölkerung und die Sicherung der Ernährung damit zu rechnen, daß auch die Wüsten, wie die meisten Naturlandschaften, durch Zivilisationslandschaften verdrängt werden.

Heinz Sielmann

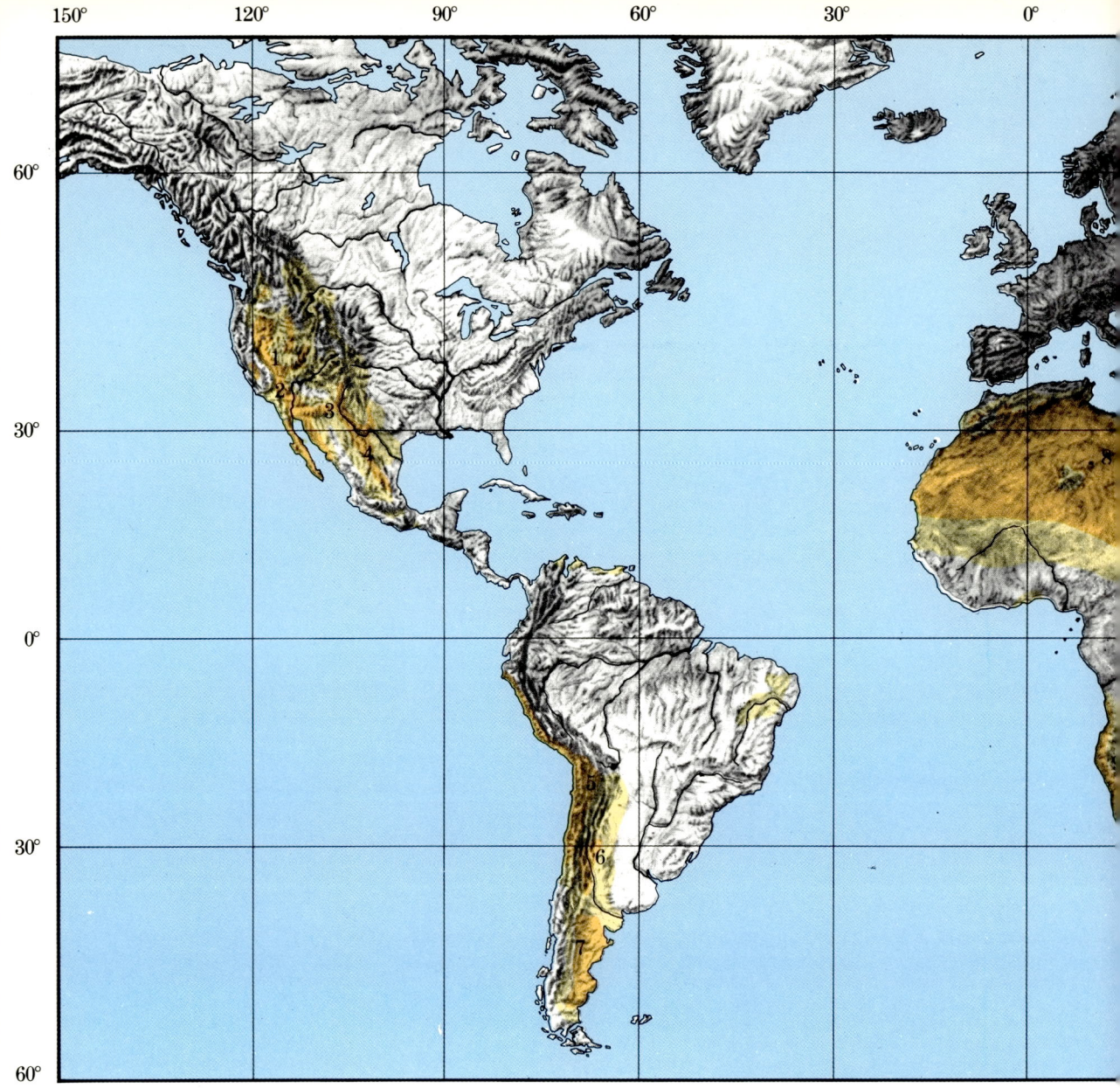

Die dunkleren Flächen auf der Karte bezeichnen jene Regionen der Erde, die als wüstenhaft oder arid gelten. Diese Gebiete bedecken etwa 15 Prozent der Landfläche unseres Planeten. Die heller wiedergegebenen Regionen werden allgemein als semi- oder halbarid eingestuft. Aride Klimabedingungen herrschen in den breiten Gürteln vor, die sich beiderseits des 30. nördlichen und südlichen Breitengrades erstrecken. Sie bestehen außerdem auf der windabgewandten Seite von Gebirgszügen in Gebieten, die im sogenannten Regenschatten liegen, sowie in leeseitigen Binnenräumen der Kontinente. Zwei einzigartige und besonders trockene, aber kühle und nebelverhangene Wüstenzonen ziehen sich an der Westküste Südafrikas und Südamerikas hin, wo zu den obengenannten Bedingungen noch die Nähe kalter Meeresströme hinzukommt.

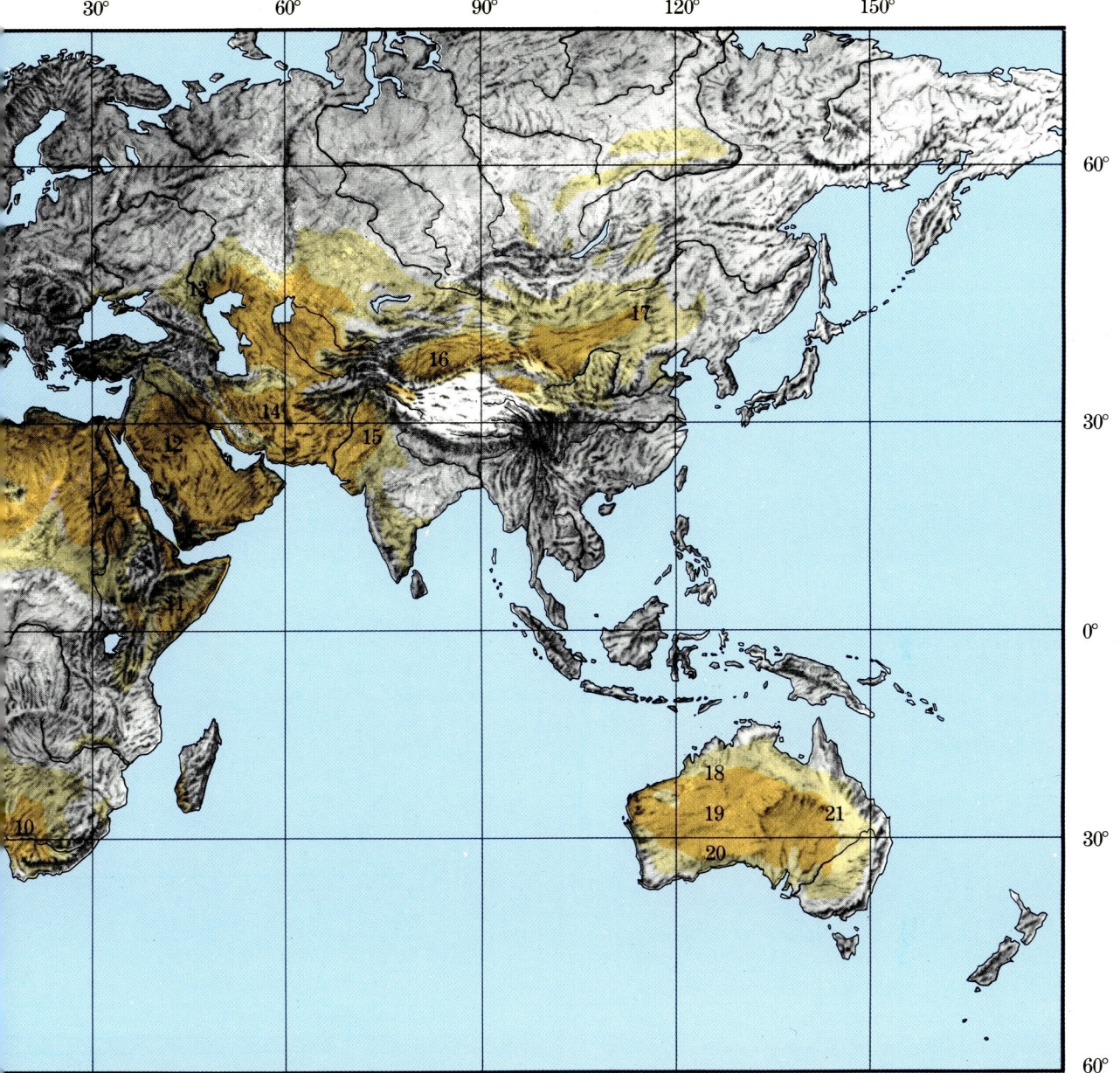

1 Großes Becken
2 Mohave-Wüste
3 Sonora-Wüste
4 Chihuahua-Wüste
5 Atacama-Sechura
6 Monte-Wüste
7 Patagonische Wüste
8 Sahara
9 Namib
10 Kalahari
11 Somali-Chalbi
12 Arabische Wüste
13 Turkestanische Wüste
14 Iranische Wüste
15 Thar
16 Takla-Makan
17 Gobi
18 Große Sandwüste
19 Gibson-Wüste
20 Große Victoria-Wüste
21 Simpson-Wüste

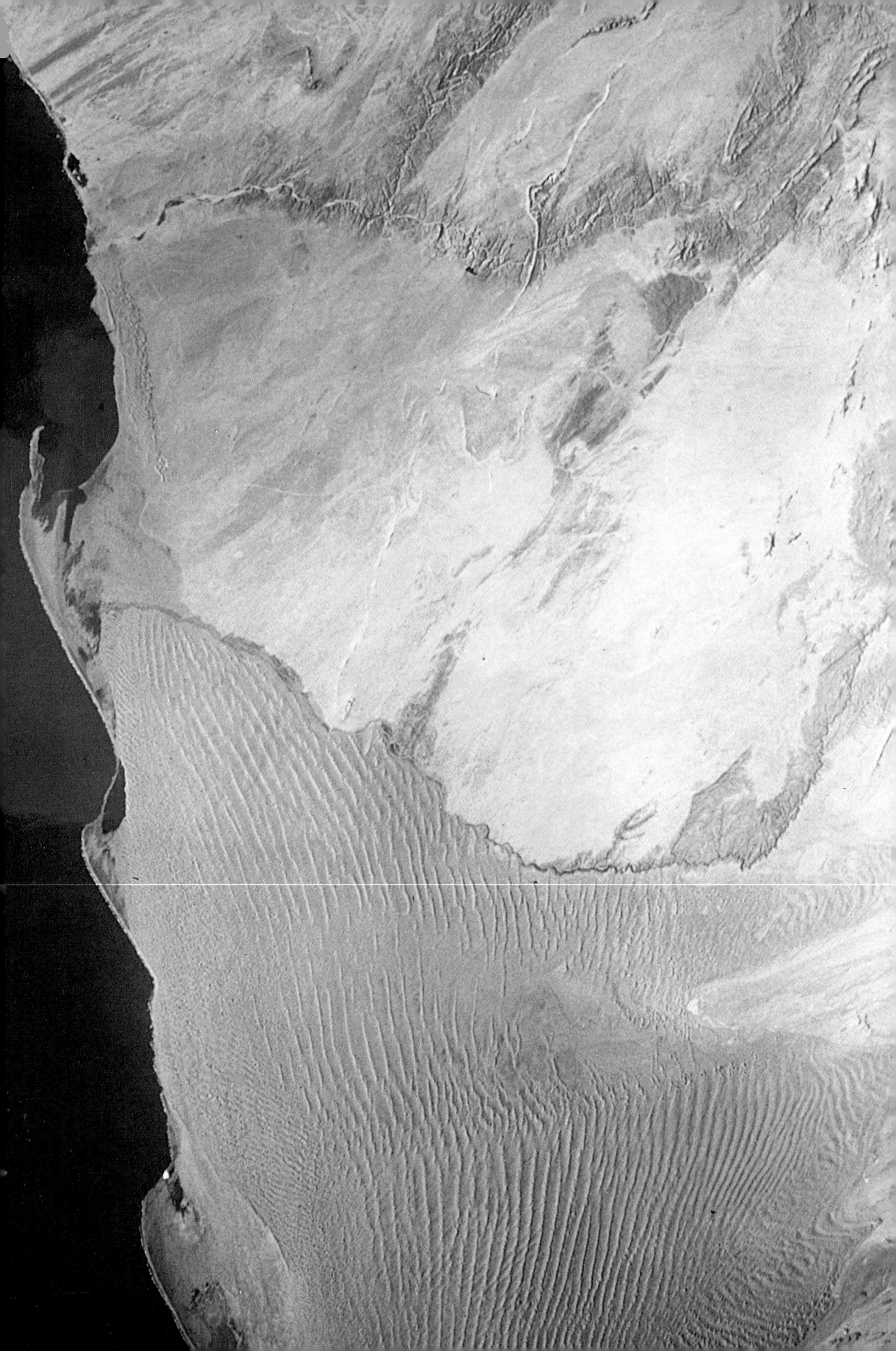

Die physikalische Beschaffenheit des Lebensraums Wüste

Die Bedingungen, unter denen Wüstenpflanzen und Wüstentiere sich entwickeln und überleben müssen, sind sehr hart: eine glühende Sonne, deren intensive Strahlung die Lufttemperaturen bis auf 50 °C im Schatten hochtreibt; windgepeitschter Sand, der aus hartem Fels bizarre Skulpturen meißelt; staubtrockener Boden, der seit zehn Jahren keinen Regen abbekommen hat. Die physikalischen Gegebenheiten einer Umwelt bestimmen, welche Pflanzen und Tiere dort gedeihen. Im Wald und im Grasland kann die Vegetation die physikalischen Bedingungen bis zu einem gewissen Grade verändern und umgestalten. Doch in der Wüste ist die Flora so spärlich, daß sie nur sehr wenig dazu beitragen kann, die Auswirkungen von Hitze, Wind und Dürre zu mildern. Wüstenorganismen sind schutzlos den Elementen preisgegeben.

Der Charakter der Wüstenlandschaften unserer Erde weist erhebliche Schwankungen auf, und die Ökologen sind sich noch nicht völlig darüber einig, welche Faktoren das Wesen einer Wüste bestimmen. Grundsätzlich gilt, daß in Wüsten hohe Temperaturen vorherrschen, zumindest in einem Teil des Jahres, und daß sie trocken sind. Wüsten erstrecken sich in der Regel in solchen Regionen, in denen die jährliche Niederschlagshöhe 25 cm nicht übersteigt und mehr Wasser verdunstet, als in Form von Regen niedergeht. Obwohl auch in den Polargebieten die Niederschläge gering sind, kann man hier wegen der niedrigen Temperaturen nicht von einer echten Wüste sprechen.

Luftströmungen, die Wüsten entstehen lassen

Satellitenfotos unseres Planeten zeigen deutlich eine scharf abgesetzte Gliederung der Pflanzendecke, die den meisten Menschen wenigstens in ihren Grundzügen vertraut ist. Die Polarregionen etwa sind von einer Eiskappe bedeckt, während Tropenwälder sich in der Nähe des Äquators erstrecken.

Keine dieser Vegetationszonen verdankt ihre Entstehung dem Zufall. Vielmehr prägen das Klima, die Topographie und die Bodenbeschaffenheit die Pflanzenwelt einer bestimmten Region. Um die Ökosysteme der Wüste zu verstehen, müssen wir wissen, wo klimatische Verhältnisse gegeben sind, die Wüstenlandschaften entstehen lassen, und welche Bedingungen ein solches Klima hervorbringen.

Am Äquator bildet die Erdoberfläche fast einen rechten Winkel zur Sonne. Doch je mehr die Oberfläche der Erdkugel zu den Polen hin abflacht, desto mehr verändert sich der Einfallswinkel der Sonnenstrahlen, bis sie schließlich an den Polen selbst mehr oder weniger parallel zur Erde einfallen. Deshalb bleibt die Sonne in den Polargebieten jeweils ein halbes Jahr lang unter dem Horizont. Im anderen Halbjahr, also während des Polarsommers, steht die Sonne 24 Stun-

Auf diesem Satellitenfoto, aufgenommen von dem Raumschiff Gemini V, sind die Namib-Wüste und die Südwestküste Afrikas zu sehen. Der Fluß Kuiseb trennt die rosa überhauchte Dünenlandschaft im Süden von der Felsenwüste im Norden.

den am Tag über dem Horizont, allerdings nie sehr hoch. Daraus folgt, daß sich die Oberfläche der Erde in den niedrigen Breiten sehr viel stärker erwärmt als in den höheren. Da die Oberflächentemperaturen in Äquatornähe am höchsten sind, sind dort auch die Lufttemperaturen am höchsten.

Die Luftdichte ist eine Funktion der Lufttemperatur: je höher die Temperatur, desto leichter die Luft. Da die Oberflächenluft am Äquator am wärmsten und somit am leichtesten innerhalb der gesamten Erdatmosphäre ist, steigt diese äquatoriale Luft nach oben. Die Polarluft dagegen sinkt ab. Weil die Schwerkraft die Atmosphäre an die Erde bindet, kann die am Äquator aufsteigende Luft nicht in den Weltraum entweichen. Sie sammelt sich vielmehr über dem Äquator und wird gezwungen, sich von dort aus zu verteilen; sie bewegt sich also in großen Höhen auf die Pole zu.

An den Polen kann sich die absinkende Luft auch nicht beliebig verdichten, und so bewegt sie sich äquatorwärts und füllt die Leere aus, die durch die aufsteigende Luft entsteht, welche ihrerseits die Lücken über den Polen ausfüllt.

Würde sich die Erde nicht um ihre Achse drehen, würde sich uns dieser Vorgang so darstellen: Es gäbe zwei Zonen *absinkender* Luft, je eine an den beiden Polen, und einen dritten Gürtel *aufsteigender* Luft am Äquator. Und wir würden dazwischen zwei riesige zirkulierende Luftmassen erkennen, welche die beiden Hemisphären einhüllten: Die am Äquator aufsteigende Luft flösse in großer Höhe polwärts und kehrte dicht über der Erdoberfläche zum Äquator zurück. Wir würden diese Oberflächenströmung auf der Nordhalbkugel als Nordwind wahrnehmen und als Südwind auf der südlichen Hälfte des Globus.

Doch so einfach liegen die Dinge nicht. Dieser Ablauf wird durch die Erdumdrehung gestört. Die Erde dreht sich am Äquator mit einer Geschwindigkeit von etwa 1700 km/h von Westen nach Osten um ihre Achse. Diese Geschwindigkeit nimmt in höheren Breiten stetig ab, bis sie an den Polen gleich Null ist. Die Atmosphäre rotiert zusammen mit der Erdoberfläche. Die Erdkugel rutscht jedoch gleichsam unter der Atmosphäre weg, und dieser Schlupfverlust ist in niedrigen Breiten am größten und wird zu den Polen hin immer kleiner.

Deshalb ist unser Planet nicht von zwei, sondern von sechs großen zirkulierenden Luftmassen umgeben, welche die klimatische Gliederung der Erde und folglich auch die Verteilung des pflanzlichen und tierischen Lebens bestimmen (siehe Anhang Seite 194). Dieses komplexe Zirkulationsmuster wird verursacht durch drei Gürtel *aufsteigender* Luft, je einer am Äquator und bei etwa 60 Grad nördlicher und südlicher Breite. Die aufsteigende Luft kühlt sich ab, sobald sie in der Höhe den Bereich niedriger Temperaturen erreicht. Und da kalte Luft nicht so viel Wasserdampf binden kann wie warme, kondensiert die in der Luft enthaltene Feuchtigkeit infolge der Abkühlung und bringt in diesen Aufstiegsgürteln Regen hervor. Somit sind die Äquatorregion und die Gebiete um den 60. nördlichen und südlichen Breitengrad sehr niederschlagsreich.

In Äquatornähe begünstigt das feucht-heiße Klima die Entstehung des tropischen Regenwaldes. In dem breiten Band um den 60. Breitengrad (ungefähr die geographische Breite von Leningrad) ist das Klima kalt. Aber die reichlich vorhandene Feuchtigkeit läßt die ausgedehnten Tannen- und Kiefernwälder Nordeurasiens und Nordamerikas wachsen. Da die Südhalbkugel in diesen Breiten fast völlig vom Meer bedeckt ist, gibt es dort keine vergleichbare Vegetationszone.

Entsprechend den drei Gürteln aufsteigender Luft umspannen vier Gürtel *absinkender* Luft die Erde, je einer an den beiden Polen sowie zwischen 20 und 30 Grad nördlicher bzw. südlicher Breite. Da sich absinkende Luft erwärmt und mehr Feuchtigkeit binden kann, gibt sie

nicht nur keinen Regen ab, sondern nimmt sogar noch Feuchtigkeit von der Erdoberfläche auf. Infolgedessen sind die Polargebiete vergleichsweise niederschlagsarm und werden zuweilen als Kältewüsten bezeichnet.

Die echten Wüsten der Erde – die Sahara (die größte der Welt), die australischen und nordamerikanischen Wüsten, die Wüstengebiete des Mittleren Ostens und Indiens und die heißen Wüstenzonen Südafrikas und Südamerikas – liegen vorwiegend in den beiden warmen subtropischen Gürteln mit absinkenden Luftmassen. Zwar haben sich in diesen subtropischen Gürteln die ausgedehntesten Dürrezonen gebildet, aber infolge bestimmter topographischer Gegebenheiten und bodennaher Luftströmungen entstehen Dürrezustände auch in anderen, weniger ausgedehnten Regionen.

Halten wir noch einmal fest, daß es statt der zwei Zirkulationszellen, die wir auf einer feststehenden Erdkugel vorfinden würden, in Wirklichkeit sechs solche Zellen gibt, die zwischen die sieben Gürtel aufsteigender und absinkender Luft eingebettet sind.

Auf der nördlichen Halbkugel findet sich eine Zelle, in der die Luft beim 60. Breitengrad hochsteigt, oben polwärts fließt, am Pol absinkt und von dort auf dem Erdboden in südlicher Richtung zum 60. Grad zurückkehrt. In einer zweiten Zelle steigen die Luftmassen ebenfalls beim 60. Breitengrad empor, fließen in der Höhe bis zum 30. Grad, wo sie absinken und am Boden nach Norden zum 60. Grad zurückströmen. Eine dritte Zelle umfaßt Luft, die am Äquator aufsteigt, zum 30. Breitengrad wandert, dort absinkt und südwärts wieder zum Äquator zurückströmt. Die Vorgänge auf der Südhalbkugel entsprechen spiegelbildlich den hier beschriebenen Abläufen.

Die vom Äquator zu den Polen abnehmende Geschwindigkeit der Erdrotation läßt nicht nur diese sieben Gürtel auf- und absteigender Luft und die sechs großen Zirkulationszellen entstehen, sondern lenkt auch die bodennahen Luftströme innerhalb der Zellen von ihrer Richtung ab. Zwischen dem Äquator und 30° nördlicher Breite bewegt sich die Oberflächenströmung, die dem Äquator zustrebt, von Nordosten nach Südwesten; diese Winde bezeichnet man als Nordostpassat. Zwischen 30° N und 60° N fließt die polwärts gerichtete Oberflächenströmung von Südwesten nach Nordosten; das sind die sogenannten vorherrschenden Westwinde. Nördlich des 60. Breitengrades bewegt sich die bodennahe Luft von Nordosten nach Südwesten; diese Strömung nennt man Polarwinde. Genau umgekehrt verhält es sich auf der Südhalbkugel.

Alle diese Oberflächenwinde nehmen über dem Meer Feuchtigkeit auf, die sie als Niederschläge über den Kontinenten wieder verlieren. Die westlichen Randzonen Nordamerikas und Europas oberhalb des 35. und 40. Breitengrades weisen ein relativ feuchtes Klima auf, weil die vorherrschenden Westwinde, die vom Pazifik bzw. Atlantik herüberwehen, dem Festland sehr viel Regen bringen.

Wenn diese Winde über die Landmassen hinwegstreichen, steigen sie empor und kühlen sich ab; ihre Feuchtigkeit kondensiert und verwandelt sich in Niederschläge. Da die Winde nach und nach ihre Feuchtigkeit verlieren, ist das Innere der Kontinente durchweg trockener als die Kontinentalränder. Die gesamte aride (trockene) und halbaride Region Australiens – zwei Drittel des Kontinents – liegt innerhalb der subtropischen Hochdruckzone, aber das trockenste Gebiet des Erdteils befindet sich im Zentrum dieser Region. Die mongolische Wüste Gobi erstreckt sich etwa zwischen 40 und 45 Grad nördlicher Breite, also wie das feuchte Westeuropa im Bereich der vorherrschenden Westwinde. Doch wenn die Westwinde die Wüste Gobi erreichen, haben sie den größten Teil der mächtigsten zusammenhängenden Landmasse der Erde überquert und sich vollständig abgeregnet.

Wenn der schlammige Boden einer Playa austrocknet, zerspringt er und bildet ein kompliziertes, von Trockenrissen durchzogenes Mosaik, wie hier im Kuiseb-Delta in Namibia (oben) und im Bett des Oranje-Flusses, der Namibia von Südafrika trennt (unten). Die Trockenrisse beherbergen oft Eier von ephemeren Insekten, Krustentieren oder anderen Organismen, die mehrere Jahre lang ruhen können.

Vorhergehende Seite: Die Trockenbecken in den Talsohlen zwischen den Bergen sind ein Merkmal der Wüsten in der ganzen Welt. Das selten anfallende Regenwasser fließt ab, sammelt sich in den Becken und verdunstet. Auch für diese Landschaftsform existieren internationale Benennungen: das spanische Wort »Playa«, das in der Neuen Welt benutzt wird, und die Bezeichnung »Schott« in Nordafrika.

»Regenschatten«

Wenn vorherrschende Winde gezwungen werden, hohe Gebirgszüge zu überwinden, kühlen sie sich stark ab und büßen ihre Feuchtigkeit noch schneller ein. Längs der Westküste der Vereinigten Staaten erstrecken sich zwei Gebirgsketten von Norden nach Süden: Die Küstenkette und die höhere Bergkette des Kaskadengebirges und der Sierra Nevada. Die feuchten Westwinde, die vom Pazifik landeinwärts wehen, müssen diese Gebirgsschranken übersteigen; dabei kühlen sie sich ab und laden ihre Feuchtigkeit auf den Westhängen ab. Nachdem sie sich abgeregnet haben, bewegen sie sich an den Osthängen der Kaskaden und der Sierra Nevada talwärts und trocknen dabei die Landschaft aus. Das Ergebnis ist die Great Basin Desert, das Wüstengebiet des Großen Beckens im mittleren und nördlichen Teil der westlichen USA.

Die Leeseiten der Gebirgsketten liegen somit im sogenannten Regenschatten. Die Great Dividing Range an der Ostküste Australiens fängt die von den südlichen Passatwinden mitgeführte Feuchtigkeit aus dem Pazifik ab und bewirkt, daß der größte Teil des Kontinents im Regenschatten liegt. Die Takla-Makan-Wüste in der chinesischen Provinz Sinkiang ist sogar auf drei Seiten von Bergen umgeben. Und auch die patagonische Wüste in Südamerika liegt im Regenschatten der Anden.

Trockene Luft und reflektierte Hitze

Während der Feuchtigkeitsgehalt der Luft in bewaldeten Regionen an Sommertagen bei 80 bis 90 Prozent liegt, beträgt er in Wüstenzonen nur 10 bis 20 Prozent und steigt auch bei Nacht nicht über 20 bis 40 Prozent an. In Feuchtgebieten wird ein großer Teil der Sonneneinstrahlung von Wolken oder von dem in der Luft enthaltenen Wasserdampf reflektiert oder absorbiert. Das hat zur Folge, daß manchmal weniger als die Hälfte der einfallenden Strahlen den Erdboden erreichen.

Doch in den Wüstengebieten können der wolkenlose Himmel und die sehr geringe Luftfeuchtigkeit die Sonneneinstrahlung kaum behindern, die folglich fast vollständig bis zum Boden gelangt. Aus diesem Grunde empfangen die Wüsten mehr Sonnenenergie als die Tropen, obwohl sie in höheren Breiten liegen. Die höchsten Lufttemperaturen der Erde werden in Wüstengebieten gemessen. Sie steigen im Schatten gewöhnlich auf 40–45 °C an, zuweilen sogar auf 50 °C. Der Boden erwärmt sich noch stärker und kann Temperaturen von 70–80 °C aufweisen.

Jeder Gegenstand, der Strahlenenergie aufnimmt, gibt sie auch wieder ab. Wenn sich ein Teil der Erdoberfläche im Laufe der Nacht aus dem Bereich der Sonneneinstrahlung wegdreht, gibt er mehr Energie ab, als er empfängt, und seine Temperatur sinkt. In feuchten Regionen behindern Wolken und Luftfeuchtigkeit teilweise diese Abstrahlung – genauso wie sie tagsüber einen Teil der einfallenden Energie abgefangen haben –, so daß das Thermometer nur um höchstens fünf bis zehn Grad fällt.

In der Wüste hingegen stellt die feuchtigkeitsarme Luft kein nennenswertes Hindernis für die nächtliche Abstrahlung dar, so wie sie auch tagsüber die einfallende Strahlung kaum behindert. In der Nacht können somit die Temperaturen um 20–25 °C absinken. Deshalb sind große Schwankungen der Tagestemperaturen ein typisches Merkmal der Wüste.

Vorhergehende Seiten: Die Atacama-Sechura ist wie die Namib eine Küstenwüste und verdankt ihre Entstehung dem Zusammenwirken der gleichen physikalischen Kräfte. Dünen wie die hier abgebildeten aus der Gegend von San Juan in Peru bilden sich quer zur Richtung der vorherrschenden Winde. Auf der dem Wind zugekehrten Seite steigen die Dünen sanft an, während sie auf der Leeseite steil abfallen.

Gegenüberliegende Seite: Die kleinen Felsvorsprünge in der Painted Desert im westaustralischen Nambung-Nationalpark sind die Überbleibsel einer Gesteinsschicht, die bis auf diese Reste vom windgetriebenen Sand abgescheuert wurde.

Auch am Nordende des Death Valley (»Tal des Todes«) in Kalifornien werden die starren Formen des Ubehebe-Kraters allmählich von Wind, Sand und Verwitterung abgetragen (oben). Das erodierte Material bildet einen Schwemmland- oder Alluvialgürtel.

Folgende Seiten: Im Bryce-Canyon-Nationalpark in Utah befindet sich die Wind- und Wassererosion der Sandsteinschicht noch in einem frühen Stadium. Die kaum von Pflanzenwuchs bedeckten Wüstenböden und geologischen Schichten schillern in roten, goldenen, schwarzen und grauen Farbtönen.

Wie die Landschaftsformen der Wüste entstehen

Zu den eindrucksvollsten Erscheinungen der Wüstenregionen gehört das Landschaftsbild. Hier haben sich die titanischen Kräfte der Natur vereint, um Landschaftsformen hervorzubringen, wie man sie faszinierender kaum anderswo auf der Erde antrifft. Auf manche Betrachter wirken die Öde und der Mangel an Pflanzenwuchs gleichwohl bedrückend und abweisend. Aber eine dichte Vegetation würde die Topographie weitgehend verhüllen und die roten, goldenen, braunen, schwarzen und grauen Töne des Gesteins und des Bodens zudecken, denen gerade die Wüstenlandschaft ihr lebhaftes und unvergeßliches Farbenspiel verdankt.

Im wesentlichen werden die großen topographischen Strukturen der Erdoberfläche durch zwei ständig wirksame, aber einander entgegengesetzte Kräfte geformt: durch Kräfte, welche die Erdkruste zu Bergen, Graten und Hochplateaus aufwerfen, und durch andere, welche diese Erhebungen wieder abtragen, also durch die Erosionstätigkeit von Wasser, Wind und Eis. Fließendes Wasser schneidet sich in den Untergrund ein, doch wenn es zusätzlich Sand oder Kiesel in größeren Mengen mit sich führt, steigert sich seine Erosionskraft ganz erheblich. Auch der Wind kann eine Landschaft durch Abtragung umgestalten, zumal wenn er ebenfalls »Scheuersand« mit sich führt. Und das Gletschereis, das sich über den Erdboden hinwegschiebt, zählt zu den mächtigsten Landschaftsgestaltern überhaupt.

In Trockengebieten erzeugt die Erosion einige charakteristische Landschaftsformen: Gebirgsketten, die durch Becken voneinander getrennt, Rest- und Tafelberge, die von Tälern und Schluchten durchzogen sind. Da aufsteigende Luft sich abkühlt und Feuchtigkeit abgibt, bekommen die Hochlagen in Wüstenzonen mehr Regen ab als die umliegenden Ebenen. Das abfließende Wasser gräbt Cañons in die Bergwände ein und befördert Erosionsmaterial, wie Erde, Kies und Felsbrocken, zu Tale. Dieses Material wird in Form eines Alluvialfächers vor der Cañonmündung abgelagert. Da stets zahllose Cañons die Steilhänge eines Gebirgszugs durchschneiden, verschmelzen die einzelnen Fächer am Fuße des Gebirges zu einem zusammenhängenden Alluvialgürtel, der in Nordamerika mit dem spanischen Wort »Bajada« bezeichnet wird.

Wenn das Wasser eines Gebirgsstroms am Fuße der Berge anlangt und seine Geschwindigkeit verlangsamt, lagert es zuerst die Felsbrocken und größere Gesteintrümmer ab. Und wenn es sich dann auf dem Talboden ausbreitet, bleiben der Sand und Schlick zurück. Folglich sind die Ablagerungen am oberen Rand der Bajada meist sehr grob, während sie in der Ebene aus feinkörnigem Ton oder Lehm bestehen. Die Vegetationszonen einer Bajada spiegeln diese Verteilung des angeschwemmten Materials wider. Am mannigfaltigsten ist der Pflanzenwuchs vielfach im oberen Teil des Bajadahangs, wo größere Felsbrocken, Steine und grobkörniges Erdreich den Pflanzen einen abwechslungsreicheren Lebensraum bieten.

Ein anderes Merkmal der Wüstenlandschaft sind die ausgetrockneten Flußläufe, die Trockenbetten oder Trockentäler, die man in Nordamerika »Washes« oder »Arroyos«, im arabischen Raum »Wadis« nennt. Sie haben ihren Ursprung häufig in einer Gebirgskette und winden sich dann durch den Wüstenboden. Sie bleiben trocken, außer nach einem der seltenen Regengüsse, wenn sich das Wasser in ihnen sammelt und die Landschaft durchfließt. Die Ufer der Wadis weisen im allgemeinen mehr Vegetation auf als die übrige Wüste. Aus der Luft betrachtet gleichen viele Wüsten einer spärlich mit Pflanzen gesprenkelten Fläche, von der sich die etwas dichter bewachsenen Wadis als feines Liniennetz abheben.

Oben und folgende Seite: Viele Wüstengebiete der Erde, wie etwa der Petrified-Forest-Nationalpark (»Versteinerter Wald«) im Westen der Vereinigten Staaten, sind erdgeschichtlich jung. Diese Baumstämme standen einst in einer üppigen Waldlandschaft, die sich in Wüste verwandelt hat. Seine Farben verdankt das versteinerte Holz den mineralischen Eisen- und Manganlösungen, die vor langer Zeit die Stämme durchdrangen.

Wüstenböden

Viele Menschen denken bei dem Wort »Wüste« an endlose Sandflächen, die von Dünen durchzogen sind, und solche weiten Dünenlandschaften sind in der Tat charakteristisch für viele Wüsten unserer Erde. Die großen Ergs der Sahara werden volkstümlich als Dünenmeere bezeichnet. Andere ausgedehnte Dünenfelder erstrecken sich in Saudi-Arabien, in der Wüste Gobi, in der Thar-Wüste im westlichen Indien, in der südafrikanischen Wüste Namib und in der Großen Sandwüste Australiens. Doch insgesamt sind in den Wüstenregionen der Erde die von verfestigtem Sand, schwerem Erdreich und Geröll bedeckten Flächen größer als die Lockersand- und Dünenlandschaften.

Da in der Wüste nur sehr wenig Regen fällt, bleiben die mineralischen Nährstoffe im Boden erhalten. Das Regenwasser dringt häufig nur etwa 20–30 cm in den Boden ein. Sobald sich die Regenwolken verzogen haben, beginnt die Feuchtigkeit in der heißen Sonne zu verdunsten. Ist die Oberfläche trocken, steigt das unter ihr vorhandene Wasser nach oben und verdunstet ebenfalls allmählich. Durch diese Aufwärtsbewegung des Wassers werden Mineralien in die oberen Bodenschichten befördert und schließlich teilweise an der Oberfläche abgelagert. Wüstenböden sind vielfach stark salzhaltig, vor allem in kleinen Einsenkungen, in denen sich Wassertümpel bilden. Dort setzen sich dann dünne weiße Salzkrusten an der Oberfläche ab.

Wüstenböden können reich an mineralischen Nährstoffen sein, aber sie sind stets extrem arm an organischen Stoffen, da die Vegetation dürftig ist und nur sehr wenig verrottetes Pflanzenmaterial in den Boden gelangt. Der hohe Mineralgehalt reicht indes einigermaßen aus für eine landwirtschaftliche Nutzung, sofern der Boden nicht zu steinig ist und Wasser zur Verfügung steht. Durch künstliche Bewässerung sind bereits riesige Trockengebiete in den Vereinigten Staaten, in Mexiko, in Libyen, im asiatischen Teil der Sowjetunion, in Israel sowie in Saudi-Arabien und in Indien in fruchtbares Land verwandelt worden.

Der spärliche Pflanzenwuchs hat zur Folge, daß der Wüstenboden vor der Wind- und Wassererosion nur wenig geschützt ist. Die oberflächlichen Partikel werden häufig weggeweht, so daß Felsen und Geröll zutage treten und der Untergrund schließlich nur noch aus festem Gestein besteht. Solche steinpflasterartigen Wüstenböden werden in Nordafrika und im Mittleren Osten als »Reg« oder »Hamada« und in Australien als »Gibber Plains« bezeichnet.

Die Pflanzen nehmen mit Hilfe ihrer Wurzeln das erforderliche Wasser aus dem Boden auf. Dieser Vorgang und somit auch das Wachstum der Vegetation sind abhängig von der Größe der Bodenpartikel. Feinkörnige Böden behindern das Eindringen des Wassers stärker als grobkörnige. Geht man von einer Niederschlagsmenge von 10 mm aus, dann bildet ein Teil des Wassers an der Oberfläche eines feinkörnigen Lehmbodens Pfützen oder fließt über ihn hinweg. Und die Feuchtigkeit, die tatsächlich in den Boden eindringt, erreicht meist nur eine Tiefe von 10–15 cm. Ein sandiger Untergrund absorbiert hingegen das gesamte Regenwasser bis zu einer Tiefe von 40–50 cm. In einem groben Boden steht den Pflanzen somit mehr Wasser zur Verfügung. Ein grobkörniger Boden fördert auch insofern den Pflanzenwuchs, als das in ihm enthaltene Wasser für die Wurzeln leichter zugänglich ist.

Dies ist mit einer der Gründe dafür, daß die Wüstenvegetation auf den Bajadas mit ihrem grobkörnigen Boden meist abwechslungsreicher, reizvoller und auch üppiger ist als in den Talsenken, wo der Untergrund gewöhnlich aus feinem Lehm besteht.

Vorhergehende Seite: Nachdem das Wasser des Manley-Sees im Death Valley verdunstete, blieben nur bizarre Salzgebilde zurück. Auch Süßwasser enthält winzige Mengen Salz, und wenn in Wüstenregionen genügend Süßwasser verdunstet, entstehen stark salzhaltige Seen wie der Große Salzsee oder das Tote Meer. Bei völliger Austrocknung ist die Bodenfläche von Salz bedeckt.

Folgende Seiten: Rauhreif überzieht die Sträucher des Monument Valley im Westen der Vereinigten Staaten. Vereinzelte Restberge und Felstürme zeigen das Endstadium der Erosion. Die Erosion schreitet schnell fort in regenreichen Gebieten, wo das abfließende Wasser die Landschaft abträgt und einebnet. Doch wo nur wenig Regen fällt, bleiben einzigartige Landschaftsformen über lange Zeiträume bestehen. Ihnen verdanken viele Trockengebiete ihre eindrucksvolle Schönheit.

Lebensformen in der Wüste

Zu den Wundern der Natur gehört der Anblick einer Nachtkerze auf einer mächtigen Sanddüne, eines Kaninchens, das durch eine steinige Wüstenwildnis hoppelt, einer Eidechse, die in einer felsigen Einöde umherhuscht – und das unter einer sengenden Sonne, wo es kein Wasser und nur sehr wenig Nahrung gibt. Wie schaffen es solche Lebewesen, hier zu überdauern und sogar zu gedeihen?

Da die Wüste zu den unwirtlichsten Lebensräumen der Erde zählt, haben die wüstenbewohnenden Organismen einige extreme Anpassungsmechanismen entwickelt, um mit den Schwierigkeiten, denen sie ausgesetzt sind, fertig zu werden. Insofern sind sie besonders anschauliche Beispiele für die natürliche Auslese, die auf die Aussonderung der lebensuntüchtigen Individuen abzielt.

Die Überlebensprobleme, mit denen die Lebewesen in ariden Zonen konfrontiert sind, bestehen vor allem darin, Wasser zu finden und zu speichern, eine Überhitzung zu vermeiden, genügend Nahrung zu erwerben und Angriffen von Raubfeinden zu entgehen. Bei der Lösung dieser Probleme geraten die Wüstenpflanzen und Wüstentiere oft in ein Dilemma, denn indem sie ein Problem bewältigen, kann ein anderes noch bedrohlichere Formen annehmen.

Die Pflanzen stehen vor einer besonderen Schwierigkeit. Sie erzeugen den Zucker, den sie als Nahrung benötigen, indem sie Wasser, Kohlendioxid aus der Luft und Sonnenenergie miteinander verbinden. Doch wenn sie ihre Poren öffnen, um Kohlendioxid aufzunehmen, verlieren sie Wasser durch die sogenannte Transpiration. An einem regenreichen Standort können die Pflanzen diesen Verlust dadurch ausgleichen, daß sie dem Boden ebenso schnell Wasser entziehen, wie sie es transpirieren. Aber in der Wüste hat die trockene Luft eine stark austrocknende Wirkung, und die Pflanze tut sich schwer, ihren Wasserbedarf aus dem dürren Boden zu decken.

Die Tiere der Wüste stehen vor einem ähnlichen Problem. Wenn sie in der trockenen Luft auf Nahrungssuche gehen, geben auch sie Feuchtigkeit durch die Haut ab, zumal in der Hitze des Tages. Wie die Pflanzen müssen sie einen Ausgleich finden zwischen Verhungern und Austrocknung.

Die Gefahr der Überhitzung stellt ein weiteres Dilemma dar. Pflanzen müssen ihre Blätter der Sonne aussetzen, um Licht zu absorbieren, doch dabei steigt ihre Temperatur an, unter Umständen so sehr, daß das Gewebe geschädigt wird. In feuchten Gegenden erzeugt das durch Transpiration ausgeschiedene Wasser Verdunstungskälte. In der Wüste jedoch ist das für die Kühlung benötigte Wasser knapp. Tiere, die in der Sonne aktiv sind, erwärmen sich ebenfalls sehr stark. Sie können sich zwar durch Abgabe von Feuchtigkeit abkühlen, wie es viele Tiere beim Schwitzen oder Hecheln tun, aber diese Erleichterung beschwört das andere Risiko herauf. Überdies sind Pflanzen, die im offenen Gelände wachsen, und Tiere, die sich zwecks Nahrungssuche aus ihrer Deckung hervorwagen, Freßfeinden ausgeliefert.

Das Wasser ist bitter, und kein Leben regt sich in dieser Oase im Sand der Atacama-Sechura unweit der peruanischen Stadt Ica.

Folgende Seiten: Burchellzebras (Equus burchelli) trinken an einer der seltenen Wasserstellen in Südafrika. Zebras sind Steppentiere, aber sie wagen sich in die Wüste vor, wenn dort Regen gefallen ist.

Rechts: Diese Zierschildkröte
(Chrysemys sp.) tummelt sich in einem
Frühlingstümpel der Chihuahua-Wüste,
unweit des Quellgebiets des ostwärts
fließenden Rio Grande. An den langen
Krallen erkennt man, daß es sich um ein
männliches Tier handelt.

Der Weg zwischen den verschiedenen Risiken ist nur schmal, und die Pflanzen und Tiere der Wüste haben raffinierte Anpassungsmechanismen entwickelt, um die Schwierigkeiten zu meistern.

Wasserbeschaffung

Eine alte Gärtnerregel besagt, daß bei einem zu verpflanzenden Baum oder Strauch das Gewebe unter der Erde ungefähr so viel ausmacht wie das der oberirdischen Blätter und Zweige. Mit dieser Wurzelmasse kann die Pflanze dem Boden schnell genug Wasser entnehmen, um die Transpirationsverluste auszugleichen.

In der Wüste besitzen die Pflanzen im allgemeinen zwei- bis sechsmal soviel unterirdisches Gewebe wie oberirdisches. Manche Wüstenbäume und -sträucher entsenden große holzige Wurzeln 50 oder 75 m weit waagerecht durch den Boden, bis sie auf ein Wadi oder Arroyo stoßen. Die Wurzelenden dringen dann senkrecht in das Bett des Wadi ein und entziehen dem Boden die notwendige Feuchtigkeit. Diese Wurzelbildung auf Kosten der Blätter und Stämme erklärt, warum die oberirdischen Teile der Wüstenpflanzen oft so klein sind.

Oben: Bäche und Flüsse, die die Wüste durchziehen, dienen Wassertieren aus feuchteren Regionen als Lebensraum und Wanderwege. Der Ochsenfrosch (Rana catesbeiana) ist im östlichen Nordamerika weit verbreitet. Doch das abgebildete Exemplar aalt sich im westwärts fließenden Colorado River, dessen Oberlauf zwischen Flüssen eingebettet ist, die nach Osten fließen.

Die Wüstentiere beschaffen sich ihr Wasser auf verschiedene Weise. Die kleineren Tiere, also Insekten, Reptilien, Vögel und Nager, die den Hauptanteil der Wüstenfauna stellen, können keine weiten Strecken zu den seltenen Wasserlöchern zurücklegen und müssen deshalb ausreichend Feuchtigkeit mit der Nahrung aufnehmen. Samen, Stengel und altes Laub bestehen etwa zur Hälfte aus Wasser, und bei Früchten, frischen Blättern und Sukkulentengewebe ist der Wassergehalt noch höher. In tierischen Körpern macht der Wasseranteil zwei Drittel bis drei Viertel aus, und er versorgt die von anderen Tieren lebenden Beutegreifer mit der notwendigen Feuchtigkeit.

Obwohl die meisten Wüstentiere kein freies Wasser benötigen, trinken sie gerne, wenn es ihnen zugänglich ist, etwa nach einem der seltenen Regenfälle oder falls ein Wasserloch in der Nähe ist. Der Massenandrang an den Wasserstellen in der Wüste zeigt, daß viele Tiere Trinkwasser zu schätzen wissen, auch wenn sie es zum Leben nicht unbedingt brauchen. Diese Wasserstellen sind Tummelplätze für zahlreiche Insekten, Vögel, Reptilien und Säugetiere.

Das machen sich die Räuber zunutze, die in der Umgebung jagen oder auf der Lauer liegen. Viele Arten warten daher die Dunkelheit ab, ehe sie sich der Tränke nähern, offensichtlich um tagaktive Jäger wie Falken oder Adler zu vermeiden.

Wasserkonservierung

Die Fähigkeit, mit der knappen Feuchtigkeit hauszuhalten, ist eine der wichtigsten Anpassungserscheinungen der Wüstenorganismen. Die Pflanzen haben verschiedene Methoden entwickelt, um die Transpirationsverluste so gering wie möglich zu halten. Eine besteht in der Reduzierung der transpirierenden Oberfläche. Viele Pflanzen haben nur winzige Blätter und überlassen die Nahrungserzeugung weitgehend den Stengeln, die nur wenige Spaltöffnungen aufweisen. Zu dieser Gruppe gehören der von Nordafrika bis Vorderasien heimische Rutenginster *(Retama raetam)* und das Grünholz *(Cercidium)* aus Nord- und Südamerika. Andere Wüstenpflanzen haben überhaupt keine Blätter; die Photosynthese findet ausschließlich in den grünen Stämmen statt. Das gilt zum Beispiel für den Schachtelhalmstrauch *(Ephedra)* der Karakum-Wüste im sowjetischen Asien oder den australischen Keulenbaum *(Casuarina)*.

Andere Pflanzen treiben Blätter nur nach einem Regen, wenn der Boden genügend Feuchtigkeit enthält, und verlegen die Photosynthese in diese Zeit. Sobald der Boden auszutrocknen beginnt, werfen sie ihre Blätter ab und warten auf den nächsten Regenguß. Ein klassisches Beispiel für diese Pflanzen, die ihr Laub in der Dürrezeit abwerfen, ist der nordamerikanische Ocotillo- oder Kerzenstrauch *(Fouquieria splendens)*. Ein Ocotillostrauch kann in einem einzigen Jahr mehrere Male Blätter hervorbringen oder auch, in besonders trockenen Jahren, überhaupt kein Laub ansetzen.

Ein charakteristisches Merkmal der Wüstenvegetation ist der weite Abstand zwischen den einzelnen Pflanzen. Das hat seinen Grund in dem Wettbewerb der Wurzelsysteme um die spärliche Feuchtigkeit. Je trockener ein Gelände ist, desto weiter stehen die Pflanzen auseinander. Es gibt Anhaltspunkte dafür, daß manche Wüstenpflanzen über ihre Blätter oder Wurzeln Giftstoffe ausscheiden, die in den Boden gelangen und junge Pflanzen daran hindern, in unmittelbarer Nähe zu wachsen – eine Art chemische Kriegführung gegen mögliche Konkurrenten.

Manche Wüstenpflanzen sind imstande, nach einem Regenfall Wasser zu speichern. Die Kakteen und die Palmlilien *(Yucca)* Nord- und Süd-

Eukalyptusbäume (Eucalyptus), oben, in einem Trockenbett im Westen Australiens. Wie viele der rund 600 australischen Eukalyptusarten hat auch dieser Gummibaum eine weißliche Rinde, die das Sonnenlicht reflektiert und damit eine zu starke Erwärmung verhindert. Mitte: Auf rätselhafte Weise behauptet sich dieser Baum auf einem Quarzgesims in der Namib-Wüste. Die südafrikanischen Aloen, unten, sowie diese als »Kokerboom« bezeichnete Baumlilie (Aloë dichotoma) haben eine sukkulente Lebensweise angenommen. Sie besitzen also die Fähigkeit, in Blättern und Stämmen Wasser zu speichern, nicht anders als die afrikanischen und asiatischen Euphorbien und die neuweltlichen Kakteen und Yuccas.

Folgende Seiten: Die Australischen Bienenfresser (Merops ornatus) sind Vögel, die in selbstgegrabenen Höhlen in Sandbänken nisten. Zahlreiche wüstenbewohnende Säugetiere, Reptilien und Insekten haben sich in den Untergrund zurückgezogen, um sich vor Hitze, Wasserverlust und Raubfeinden zu schützen, aber nur wenige Vogelarten führen ein unterirdisches Leben.

41

Die hoch aufragende Blüte der sogenannten Jahrhundertpflanze (Agave shawii), oben und rechts, die in Baja California, Mexiko, wächst, ist ein Vorzeichen des Todes. Die Pflanze lebt und gedeiht 20 bis 50 Jahre, ehe sie ihren Blütenstengel austreibt. Ein Jahr nach dem Blühen stirbt sie ab. Im Gegensatz zu ihrem volkstümlichen Namen und zu einer allgemein verbreiteten Legende braucht die Pflanze jedoch kein Jahrhundert bis zur Blüte. Die Fasern der Jahrhundertpflanze ergeben ausgezeichnete Seile, die von den Vaqueros, den mexikanischen Cowboys, benutzt werden. Aus dem Saft dieser Sukkulente gewinnt man durch Vergärung das alkoholische Getränk Pulque und durch Veredelung den berühmten Tequila.

amerikas, die Aloen Südafrikas und die Euphorbien Nordafrikas und Asiens werden als »Sukkulenten« oder »Saftpflanzen« bezeichnet, weil sie dicke, schwammartige Blätter und Stengel entwickeln, die große Wassermengen aufnehmen und speichern können. Die Feuchtigkeit wird nach dem Regen von den Wurzeln aufgesogen und in der Trockenzeit nach und nach aufgebraucht.

Die Sukkulenten verfügen über eine raffinierte Methode, die Transpirationsverluste stark zu verringern. Photosynthese und Metabolismus (Stoffwechsel) sind gewissermaßen zwei Vorgänge, die einander spiegelbildlich entsprechen. Bei der Photosynthese baut die Pflanze aus Kohlendioxid, Wasser und Sonnenenergie Kohlenhydrate auf; Sauerstoff wird als Nebenprodukt ausgeschieden. Beim Metabolismus wandelt der Organismus die zuckerähnlichen Kohlenhydrate in Nahrung um, verbindet die Bestandteile mit aufgenommenem Sauerstoff und setzt die für die Aufrechterhaltung der Lebensvorgänge nötige Energie frei. Die Abfallprodukte des Stoffwechsels sind Kohlendioxid und Wasser. Die Abfallstoffe der einen Reaktion sind demnach die Baustoffe der anderen.

Die Sukkulenten besitzen nun die Fähigkeit, das Kohlendioxid, das beim Stoffwechsel frei wird, zurückzuhalten und für die Photosynthese wiederzuverwerten. Selbstverständlich könnte eine Sukkulente niemals gedeihen, wenn sie lediglich das durch den Stoffwechsel freigewordene Kohlendioxid für die Photosynthese wiederverwenden würde. Sie muß Kohlendioxid aus der Luft hinzufügen, so daß sie photosynthetisch mehr Kohlenstoff verbraucht, als sie durch Metabolismus abgibt. Doch dank der Speicherung und Wiederverwertung ihres eigenen Kohlenstoffs kann sie ihre Spaltöffnungen bis zur Nacht geschlossen halten, wenn die relative Luftfeuchtigkeit größer ist, oder bis nach einem Regen, wenn sich der Transpirationsverlust ausgleicht.

Mit einer verblüffenden entwicklungsgeschichtlichen Parallele haben wir es bei manchen Wüstentieren zu tun, die ebenfalls zur Erhaltung von Feuchtigkeit Abfallprodukte des Stoffwechsels wiederzuverwenden vermögen. Doch in diesem Fall ist es das »Stoffwechselwasser«, das zurückgehalten und von den Nieren wiederaufbereitet wird, statt ausgeschieden zu werden. Durch die Wiederverwendung von metabolischem Wasser und durch die Herabsetzung des Wassergehalts im Urin kann der amerikanische Taschenspringer *(Dipodomys merriami)*, auch Känguruhratte genannt, seine tägliche Urinmenge auf ein Minimum reduzieren.

Solche wassersparende Nierenfunktion hat sich bei verschiedenen Wüstentieren herausgebildet, die nicht miteinander verwandt sind, nicht nur bei den Taschenspringern, sondern auch bei den afrikanischen und asiatischen Wüstenspringmäusen *(Jaculus)*, bei der australischen Spinifex-Hüpfmaus *(Notomys alexis)*, bei altweltlichen Gazellen und beim neuweltlichen Gabelbock *(Antilocapra americana)* sowie bei den australischen Känguruhs. Diese Entwicklung ähnlicher Eigenschaften bei nicht verwandten Arten als Reaktion auf ähnliche Umweltbedingungen ist ein Musterbeispiel der sogenannten konvergenten Evolution.

Die lange Ruhe

Die allermeisten Wüstenpflanzenarten entgehen der Gefahr des Austrocknens dadurch, daß sie in den Dürreperioden keine Stengel, Blätter oder Blüten über der Erde ausbilden. Einjährige oder annuelle Pflanzen, wie beispielsweise die Möhren oder Ringelblumen in unseren Gärten, vollenden ihren Lebenszyklus innerhalb eines einzigen Jahres und hinterlassen nur ihre Samen, die im nächsten Jahr auskei-

An Mannigfaltigkeit wird die Flora der
Wüste wohl nur noch von der
Pflanzenwelt der Tropen übertroffen.
Einjährige, mehrjährige und ephemere
Pflanzen sowie vielerlei Sukkulenten, wie
die hier abgebildeten, haben sich an das
Leben in einer Umwelt angepaßt, in der
Niederschläge selten und unberechenbar
sind.

men. Auch in der Wüste sind einjährige Pflanzen am zahlreichsten vertreten, so die Sturt-Ruhmesblume *(Clianthus formosus)* der australischen Wüstenregionen, die Wanzenblume *Coreopsis* der nordamerikanischen Mohave-Wüste und das iranische Leinkraut *Linaria michauxii.* Im Wüstenboden wimmelt es von ihren Samen, die nur auf Regen warten, der sie zum Keimen bringt. Sobald es stark genug regnet, beginnen die Sämlinge zu sprießen und bringen innerhalb weniger Wochen Wurzeln, Stengel, Blätter, Blüten und neue Samen hervor. Das muß so schnell gehen, damit die Pflanzen ihren Lebenszyklus in der kurzen Zeitspanne abschließen können, in der genügend Bodenfeuchtigkeit vorhanden ist.

Die Lebensweise der einjährigen Pflanzen birgt allerdings ein Risiko. Wenn sie nach einem zu geringen Niederschlag auszukeimen und zu wachsen beginnen würden, könnte der Boden verdorrt sein, ehe sie ihren Lebenszyklus vollendet hätten. Sie würden dann absterben, bevor sie ihre Samen abgesetzt hätten. In Wüstengebieten verfügen jedoch die annuellen Pflanzen über besondere Mechanismen, die sie vor diesem Risiko schützen. Die Samen keimen erst nach ausgiebigen Regenfällen aus, die dem Boden so viel Feuchtigkeit zuführen, daß die

Folgende Seiten: Der Saguaro- oder Riesensäulenkaktus (Cereus giganteus) der nordamerikanischen Sonora-Wüste erreicht eine Höhe von 15 Meter, ein Gewicht von 7000 Kilogramm (davon sind allein 5000 Kilogramm Wasser) und ein Lebensalter von 200 Jahren. Er wächst manchmal weniger als einen Zentimeter im Jahr und treibt erst mit 75 Jahren seine ersten Äste aus. Die Früchte des Saguarokaktus sind eßbar.

Vollendung des Lebenszyklus gesichert ist. Die Wüstenbotaniker vermuten, daß die Samenhüllen der einjährigen Wüstenpflanzen chemische Substanzen enthalten, die den Keimvorgang hemmen; erst wenn die Samen ausreichend Wasser abbekommen haben, das die Hemmstoffe auswäscht, können sie auskeimen. Allerdings keimen manche Samen auch nach reichlichen Regenfällen nicht aus. Sie ruhen zwei, drei oder mehr Jahre im Boden, ehe sie zum Leben erwachen. Auch hier handelt es sich offensichtlich um eine Schutzmaßnahme gegen eine vorschnelle Reaktion auf das lange entbehrte Wasser.

Viele Wüsteninsekten verhalten sich nicht anders und könnten als »einjährige Tiere« bezeichnet werden. Ihre Eier liegen oft mehrere Jahre lang im Boden und warten auf Regenfälle, die ausreichen, den Schlüpfvorgang auszulösen. All diesen ephemeren Pflanzen und Tieren, deren Auftauchen sich nie vorausberechnen läßt, verdanken die Ökosysteme der Wüste ihre ungewöhnliche Variabilität.

Pflanzen, die länger als ein Jahr lebende Zweige oder Wurzeln behalten – auch wenn sie zwischendurch ihr Laub abwerfen –, werden perennierend genannt. Viele Arten der perennierenden Wüstenpflanzen überdauern die Trockenperioden in Form von unterirdischen karottenähnlichen Wurzeln oder zwiebelförmigen Knollen. Diese fleischigen Wurzeln und Knollen speichern Feuchtigkeit und Nährstoffe, die den Stoffwechsel unter der Erde aufrechterhalten und den ersten Wachstumsschub nach dem Einsetzen der Regenzeit ermöglichen. Sobald sich Stengel und Blätter über der Erde entwickeln, erzeugt die Pflanze mehr Nahrung, so daß sie weiterwachsen und blühen sowie die Reserven in den Wurzeln ergänzen kann, die sie für die folgende Dürrezeit benötigt. Zu Beginn der Trockenperiode sterben die oberirdischen Pflanzenteile ab, und die Pflanze begibt sich gleichsam unter der Erdoberfläche zur Ruhe. Anmutige Pflanzen dieses Typs finden sich zum Beispiel in der Negev-Wüste im Nahen Osten. Dort zieren die Wüstentulpe *(Tulipa amplyophylla)* und die Negev-Schwertlilie *(Iris atrofusca)* nach den winterlichen Regenfällen im Frühling die Wüstenlandschaft, kaum anders, als die weniger widerstandsfähigen domestizierten Tulpen und Schwertlilien unsere Frühlingsgärten verschönen.

Wirbeltiere wie Säuger, Vögel und Eidechsen und auch einige Wirbellose wie Spinnen und Skorpione zählen zu den »perennierenden Tieren« der Wüste, und auch von ihnen verbringen manche die Zeiten der größten Hitze und Dürre untätig unter der Erde. Dieser Zustand wird allgemein als Trocken- oder Wärmestarre bezeichnet; bei Säugetieren und Vögeln spricht man von Sommerschlaf. Viele wüstenbewohnende Nager verfallen mitten im Sommer in diese Starre. Der Sommerschlaf ist das für die Wüste typische Gegenstück zum Winterschlaf der Tiere in kälteren Klimazonen.

Schutz gegen übermäßige Erwärmung

Da Pflanzen sich nicht von der Stelle bewegen können, können sie, bildlich gesprochen, auch nicht den Schatten aufsuchen, um der heißen Sonne zu entgehen. Deshalb verfügen viele Arten über andere Mittel, einen übermäßigen Temperaturanstieg zu vermeiden, der ihr Gewebe schädigen oder sie gar töten könnte. Eines dieser Mittel ist die Reflexion des einfallenden Sonnenlichts. Viele Wüstenpflanzen, wie etwa die im Negev heimische Melde *Atriplex halimus,* besitzen Blätter mit einem Überzug aus seidenfeinen weißen Härchen, der ihnen einen silbrigen Schimmer verleiht und die Sonnenstrahlen zurückwirft. Andere Pflanzen, so die australischen Eukalyptusbäume, sondern auf den Blättern eine weißliche Wachsschicht ab, die densel-

Die Australische Hüpfmaus (Notomys fuscus), rechts, gehört derselben Familie an wie die Hausmaus (Mus musculus) und die Wanderratte (Rattus norvegicus) der Alten Welt. Doch die langen Hinterbeine und die bipedale Fortbewegungsweise sowie der lange, mit einer Haarquaste versehene Schwanz zeigen eine auffällige Konvergenz mit den nicht näher verwandten Taschenspringern Amerikas und den altweltlichen Wüstenspringmäusen.

ben Zweck erfüllt. Diese Schicht kann mehr als die Hälfte des Sonnenlichts reflektieren, das auf die Blätter auftrifft. Zahlreiche Wüstentiere
bedienen sich einer ähnlichen Schutzvorrichtung; sie haben ein helles
Gefieder oder Fell. Bunt gefärbte Tiere sind in der Wüste selten.
Eine andere Methode, mit der manche Wüstenpflanzen ihr Unvermö-
gen, der Sonne zu entfliehen, ausgleichen, besteht darin, daß sie während der heißesten Tageszeit eine möglichst geringe Oberfläche der
Sonneneinstrahlung aussetzen. Kakteen und Euphorbien richten ihre
Stämme auf die hochstehende Sonne aus, so daß nur die Spitzen von
den Sonnenstrahlen direkt getroffen werden. Die Eukalyptusbäume
verfahren umgekehrt: Sie lassen ihre Blätter hängen. So werfen sie
zwar zur Mittagszeit sehr wenig Schatten, aber sie fangen dafür auch
nur wenig Sonnenlicht auf.
Die Tiere meiden ebenfalls in der größten Hitze die direkte Sonneneinstrahlung, indem sie entweder den Schatten von Pflanzen, Felsen
oder Geländeunebenheiten aufsuchen oder sich unter die Erde verziehen. Viele Nagetiere und Eidechsen verkriechen sich tagsüber in ihrem Bau. In den Dünenlandschaften schwimmen viele Arten förmlich
in den Sand hinein, um der Oberflächenhitze zu entgehen. Um die

*Der Fahnenschwanz-Taschenspringer
(Dipodomys spectabilis), oben, ist die
größte nordamerikanische
»Känguruhratte«. Diese beiden Tiere, die
sich um ein Territorium streiten,
benutzen ihren quastenbesetzten Schwanz
als Steuerruder bei ihren
Zickzacksprüngen. Die Schwanzquaste
dient wahrscheinlich auch dazu,
Feinde zu narren und abzulenken.*

Mittagszeit sinkt die relative Luftfeuchtigkeit im Wüstensommer durchweg auf zehn Prozent ab – ein Wert, bei dem die meisten Tiere austrocknen würden. In den unterirdischen Bauen dagegen liegt die Feuchtigkeit bei 30–40 Prozent. In der Nacht steigt sie über dem Boden auf 25–30 Prozent an, so daß sich die Tiere hervorwagen und auf Nahrungssuche gehen können.

Abbau der überschüssigen Wärme

Trotz allen Bemühungen der Wüstenorganismen, einer übermäßigen Erwärmung auszuweichen, ist in der heißen Wüste eine gewisse Überhitzung unvermeidlich. Pflanzen haben nur begrenzte Möglichkeiten, ihre Eigentemperatur zu regulieren, doch sie können große Temperaturunterschiede aushalten. Solange es ihnen gelingt, Extreme zu meiden, können sie recht gut überleben.

Bei den Tieren unterscheiden wir zwei physiologisch verschiedenartige Gruppen. Vögel und Säuger gehören der ersten Gruppe an, die man häufig als »warmblütig« bezeichnet, in der modernen ökologischen Fachsprache aber zutreffender »endotherm« nennt, was soviel wie »von innen erwärmt« bedeutet. Diese Tiere erhalten eine konstant hohe Körpertemperatur aufrecht, indem sie bei der Umwandlung der Nahrung große Wärmemengen freisetzen. Bei den Vögeln beträgt die durchschnittliche Körpertemperatur 40–41 °C, bei den Säugetieren etwa 37 °C.

Vögel und Säuger in einer kalten Umwelt, die ihrem Körper Wärme entzieht, nehmen mehr Nahrung auf, beschleunigen den Stoffwechselvorgang und erzeugen dadurch schneller Wärme. Sind die Umgebungstemperaturen jedoch hoch, wie in der Wüste, stehen die Tiere vor dem umgekehrten Problem. Sie können zwar ihren Stoffwechsel bis zu einem gewissen Grad verlangsamen, aber gleichwohl zeigt ihnen ihre ständig hohe Körpertemperatur an, daß sie Wärme abgeben müssen, wenn ihre Temperaturen nicht lebensgefährlich ansteigen sollen. Eine Möglichkeit, einen Hitzestau zu vermeiden, besteht, wie gesagt, für die Säugetiere darin, daß sie tagsüber unter der Erde bleiben, wo es kühler ist, und erst bei Nacht zum Vorschein kommen. Die Vögel suchen den Schatten auf und stellen jede Aktivität ein.

Eine andere Möglichkeit, überschüssige Wärme loszuwerden, ist die Vergrößerung der Körperoberfläche, durch die ein Tier Wärme in die Umgebung abstrahlen kann. Im Verlauf der Evolution haben manche Tierarten einen schlanken Rumpf und Hals und lange, schmale Gliedmaßen entwickelt, wodurch sich eine möglichst große Körperoberfläche im Verhältnis zum Volumen ergibt. Die kleine, zierliche und herrlich proportionierte afrikanische Dorkasgazelle *(Gazella dorcas)* ist ein Musterbeispiel dieses Typs.

Andere Säugetiere nehmen mit ihrer Nahrung genügend Wasser auf und können die Feuchtigkeit für die Abkühlung durch Verdunstung verwenden. Zebras und Gazellen schwitzen, während Füchse, Wölfe und viele Wüstenvögel Wasser aus der Lunge oder dem Maul bzw. Schnabel durch Hecheln verdunsten lassen. Mehrere australische Känguruh- und Wallabyarten feuchten ihren Körper an, indem sie ihr Fell belecken.

Die Tiere der zweiten Gruppe, welche die Reptilien und Wirbellosen umfaßt, beziehen aus ihrer Nahrung weniger Wärme und können ihre Körpertemperatur von innen her nur sehr begrenzt regulieren. Sie ist deswegen stark von der Temperatur der Umgebung abhängig. Diese »ektothermen«, also »von außen erwärmten« Tiere können ihre Temperaturen an die Lufttemperatur anpassen oder darüber hinaus erhöhen, indem sie Sonnenwärme absorbieren oder ihren Körper mit einer

Der Löffelfuchs oder Löffelhund (Otocyon megalotis), oben, der süd- und ostafrikanischen Wüstenregionen sieht aus wie ein kleiner Schakal. Seine großen Ohren haben, genauso wie die des Eselhasen, die Aufgabe, überschüssige Wärme abzustrahlen.

warmen Oberfläche in Berührung bringen. Manche können auch durch schnelle Bewegung ein wenig Wärme erzeugen.

Wenn die Lufttemperaturen stark abfallen, insbesondere aber in kalten Nächten, in denen keine Sonneneinstrahlung absorbiert werden kann, sinkt die Körpertemperatur dieser Tiere. Ihre Aktivität läßt auffallend nach und kann sogar ganz aufhören, wenn es recht kalt wird. Im Winter versinken sie unter Umständen in eine Kältestarre.

Andererseits müssen sich die Ektothermen auch vor einer Überhitzung hüten, wenn sie in den warmen Jahreszeiten der Wüstensonne ausgesetzt sind. Wie die endothermen Tiere ziehen sie sich deswegen in den Schatten zurück oder wühlen sich in den Boden ein, und viele werden im Sommer nur nachts munter. Sie können allerdings sehr viel größere Schwankungen der Körpertemperatur ertragen als die Endothermen.

Satt werden in einer unberechenbaren Umwelt

In Wüstenregionen fällt vielleicht nur in einem von fünf Jahren überdurchschnittlich viel Regen, in zwei Jahren entsprechen die Niederschläge dem Durchschnitt, und in den beiden übrigen Jahren gibt es nur wenig oder überhaupt keinen Regen. Extrem trockene Wüsten empfangen oft mehrere Jahre hintereinander keinen Regen. Auf jeden Fall sind die Niederschläge im höchsten Maße unberechenbar.

In einer solchen Umwelt ist die »Vorratswirtschaft« – weit verbreitet bei den wüstenlebenden Nagern – offensichtlich eine sinnvolle Lösung für das Problem der Nahrungsknappheit. Die nordamerikanischen Taschenspringer *(Dipodomys)* und Taschenmäuse *(Perognathus)* und die afrikanisch-asiatischen Wüstenspringmäuse *(Jaculus)* und Wüstenrennmäuse *(Gerbillus)* sammeln in regenreichen Jahren Samenkörner und horten sie in ihren Wohnröhren; das gleiche gilt für die samenfressenden Wüstenameisen.

Es läßt sich zwar nie vorhersagen, wann in einer bestimmten Wüstengegend Regen fallen wird, aber innerhalb einer größeren Region bekommen alljährlich verstreute engbegrenzte Gebiete etwas von dem lebenspendenden Naß ab. Wenn ein Wüstentier keine Vorräte anlegen kann, muß es beweglich sein und dorthin wandern, wo es Regen und Nahrung gibt. Das ist der Lebensstil der Nomaden. Die meisten grasfressenden Großtiere der Wüste leben nomadisch, und wiederum ist auch dieses Verhaltensmuster bei vielen nichtverwandten Arten in weit auseinanderliegenden Wüstenzonen der Erde anzutreffen. Die Gazellen Afrikas und Asiens, die Gabelböcke Nordamerikas und die Roten Riesenkänguruhs *(Macropus rufus)* Australiens sind allesamt ausgesprochene Nomaden und ziehen über weite Strecken zu Gebieten, in denen es geregnet hat.

Auch viele wüstenbewohnende Vögel führen ein Nomadenleben. In einem Jahr mit ausgiebigen Regenfällen zählte ein Beobachter in einem kleinen Gebiet der marokkanischen Sahara 400 Gefleckte Flughühner *(Pterocles senegallus)* und 300–400 Paare der Wüstengrasmücke *(Sylvia nana)*. Das darauffolgende Jahr war sehr trocken, und er konnte nur noch 30 Flughühner und 8 Grasmücken entdecken. Die Vögel waren fast ausnahmslos in eine andere Region abgewandert, wo Regen gefallen war. In Australien, das zu zwei Dritteln arid oder semiarid ist, schätzt ein Ornithologe den Anteil der nomadisch lebenden Vogelarten auf 25–30 Prozent.

Wenn in der Wüste Nahrungsmangel herrscht, werden weniger oder gar keine Tiere geboren. Individuen, die in Notzeiten eine große Nachkommenschaft hervorbringen, überfordern ihre Energiereserven und haben keine Überlebenschance, während Tiere, die weniger oder

überhaupt keine Jungen haben, diese Zeiten eher überstehen und im Laufe der Jahre insgesamt mehr Nachkommen zeitigen. Wüstentiere gehören, was ihr Fortpflanzungsverhalten angeht, zu den anpassungsfähigsten Geschöpfen der Erde; sie vermehren sich stark in regenreichen Zeiten, aber nur wenig oder überhaupt nicht in Dürreperioden.

Infolge des sehr unregelmäßigen Nahrungsangebots und der stark ausgeprägten nomadischen Lebensweise versammeln sich Wüstentiere mit Vorliebe in Gebieten, wo gerade Nahrung vorhanden ist. Wenn alle Tiere in ihren Nahrungsbedürfnissen übereinstimmen würden, könnte sich daraus ein tödlicher Wettbewerb ergeben. Doch im Verlauf der Evolution haben die einzelnen Arten unterschiedliche Ernährungsgewohnheiten angenommen. Zwei Tierarten mit verschiedenen Nahrungsansprüchen rivalisieren nicht miteinander, und die Chancen, daß beide überleben und sich fortpflanzen, sind damit größer.

Selbst innerhalb einer Art hat sich eine Ordnung herausgebildet, die dafür sorgt, daß die Nahrungsvorräte von den Einzeltieren sinnvoll genutzt werden. Bei manchen Arten besetzen und verteidigen die Individuen getrennte Territorien. In anderen besteht eine hierarchisch gegliederte Rangordnung, die man als »Hackordnung« bezeichnet. Hier haben die einzelnen Tiere in einer festgelegten Reihenfolge Zugang zur Nahrung und somit eher die Möglichkeit, sich ausreichend zu ernähren, als wenn alle Mitglieder eines Bestandes sich hemmungslos auf eine Futterquelle stürzen und um ihren Anteil streiten würden.

Feindvermeidung

Manche Wüstenpflanzen bewahrt ein großes Regenerationsvermögen vor der Vernichtung. Andere, beispielsweise Kakteen und Akazien, verfügen über einen Schutz aus Stacheln oder Dornen, der etwaige Freßfeinde abschreckt. Wieder andere erzeugen in ihrem Gewebe bitter schmeckende oder riechende Harze oder Terpene.

Die meisten Tiere besitzen weder die Regenerationskraft noch die Schutzvorrichtungen der Pflanzen und suchen ihr Heil lieber in der Flucht und im Verstecken. Im offenen Gelände der Wüste haben sich spezielle Formen der Fortbewegung entwickelt, die ein rasches Entkommen gestatten. Viele Vogelarten sind Rennvögel geworden, die sich laufend und nicht fliegend ihren Feinden entziehen. Zahlreiche Eidechsen und Säugetiere haben sich während langer Zeiträume zum Bipedalismus hin entwickelt und erreichen, nur auf den Hinterbeinen laufend, hohe Geschwindigkeiten. Die letzte Stufe dieser Entwicklung ist die hüpfende Fortbewegung der Känguruhs, doch ähnliche Fortbewegungsweisen haben sich auch bei vielen wüstenbewohnenden Nagerarten herausgebildet.

Wenn ein Tier seinen Feinden nicht entfliehen kann, versucht es sich vor ihnen zu verbergen. Für viele Wüstentiere ist die helle Färbung der Haut, des Fells oder des Federkleids charakteristisch, die mit der sonnenüberfluteten Landschaft verschmilzt und von einem Angreifer nur schwer auszumachen ist. (Die helle Farbe dient, wie wir gesehen haben, außerdem dazu, die Sonnenstrahlen zu reflektieren.) Mit einer solchen Schutzfärbung oder Verbergetracht muß allerdings in der Regel eine völlige Bewegungslosigkeit verbunden sein, wenn das betreffende Tier den scharfen Augen eines Fuchses oder Greifvogels entgehen will. Diese Verhaltensform des »Erstarrens« zeigen besonders eindrucksvoll die in der indischen Thar-Wüste lebenden Triele *(Burhinus oedicnemus)*. Bei einer Bedrohung strecken sich diese Vögel flach auf dem Boden aus, pressen den vorgereckten Hals und Kopf an die Erde und verhalten sich vollkommen reglos.

Folgende Seiten: Eine Familie von sogenannten »Grabkäuzen« (Athene cunicularia) – das Weibchen ist das zweite Tier von links – beobachtet das Gelände vom Eingang ihrer Wohnhöhle in der Wüste von Chihuahua. Diese langbeinigen Eulenvögel erreichen eine Höhe von 23 bis 28 Zentimeter. Sie ernähren sich hauptsächlich von Nagetieren.

Die Tierwelt der afrikanischen und arabischen Wüsten

Die Sahara ist die größte Region mit extrem trocken-heißem Klima, die wir auf der Erde kennen. Doch diese Wüste war nicht immer die ausgedörrte Einöde, die wir heute dort vorfinden. Es hat, zum Beispiel in der Jungsteinzeit, Feuchtperioden gegeben, die der Sahara so viel Regen bescherten, daß sich eine reiche Vegetation und Wildtierfauna entfalten konnten, ähnlich wie im heutigen Ostafrika. Prähistorische Fels- und Höhlenmalereien in der Zentralsahara zeigen Elefanten und Giraffen, Tiere also, die nur in einer baumbestandenen Landschaft ausreichend Nahrung finden, sowie Flußpferde, die sich die meiste Zeit im Wasser aufhalten. In den letzten Jahren hat man Krokodile in abgelegenen algerischen Wüstengewässern entdeckt, die vom Abfluß des im Norden gelegenen Atlasgebirges gespeist werden. Die nächsten Verwandten dieser Echsen leben weit südlich im tropischen Afrika. Offensichtlich war die Sahara einst von Wasserläufen durchzogen, welche die Tropen und die afrikanische Mittelmeerküste miteinander verbanden.

Das Klima war schon zu Beginn der christlichen Zeitrechnung umgeschlagen, denn römische Ruinen in Nordafrika sind nur wenig südlich der heutigen Wüstengrenze anzutreffen. Doch es muß damals noch eine reiche Wildtierfauna gegeben haben, zumindest in den Randzonen der Wüste. Die Römer fingen in den Steppen Algeriens und Tunesiens Elefanten für ihre Arenen in Rom und Karthago. Auf den herrlichen römischen Mosaiken in tunesischen Museen und in Ausgrabungsstätten sind immer wieder Wildschwein-, Löwen- und Gazellenjagden dargestellt.

Noch in den dreißiger Jahren des vorigen Jahrhunderts berichteten die ersten französischen Siedler in Nordafrika von ausgedehnten Gazellenherden und zahlreichen Straußen *(Struthio camelus)*. Ein Siedler meldete, daß er in vielen Gebieten Algeriens Geparde *(Acinonyx jubatus)* und Leoparden *(Panthera pardus)* beobachtet habe – Tiere, die nur gedeihen können, wenn reichlich Beutetiere vorhanden sind.

Heute sind diese Herden aus Nordafrika und dem Nahen Osten weitgehend verschwunden. Sie gingen vor allem deshalb zurück, weil sich die Savanne über Jahrtausende hinweg allmählich in eine Wüstenlandschaft verwandelte. In einigen Gegenden Ost- und Südafrikas hat sich eine geringere Zahl von Arten erhalten, denen die Anpassung an die Beschwerlichkeiten des Wüstendaseins gelang.

In neuerer Zeit sind diese angepaßten Formen zu Restbeständen zusammengeschmolzen, und zwar durch Überjagung und durch die starke Ausbreitung der Weidewirtschaft. Die Schaf- und Ziegenherden in Nordafrika und im Nahen Osten sowie die Rinderherden am Südrand der Sahara fügen dem Land durch Überweidung schweren Schaden zu und lassen für die Wildtiere kaum noch etwas übrig. Der Boden, der schützenden Pflanzendecke beraubt, ist der Wind- und Wassererosion ausgesetzt. Das hat zur Folge, daß die Wüste an vielen

Die Geparde (Acinonyx jubatus) sind die schnellsten Säugetiere der Welt. Bei diesen Sprintern, die im offenen Gelände zu Hause sind, hat man schon Spitzengeschwindigkeiten von 100 km/h gemessen. Gazellen sind die wichtigsten Beutetiere der Geparde.

Folgende Seiten: Diese Dromedare (Camelus dromedarius) warten mit geschlossenen Nüstern und Augen das Ende eines Sandsturms in der algerischen Sahara ab. Das einhöckerige Kamel wurde als domestiziertes Lasttier von Arabien aus nach Nordafrika eingeführt. Heute gibt es keine wildlebenden Dromedare mehr.

Oben: Eine seitenwindende Sandviper (Bitis peringueyi) bewegt sich über den Sand der Namib-Wüste dahin, indem sie jeweils eine ganze Körperwindung im rechten Winkel seitwärts schnellt. Der lockere Sand bietet der Schlange nicht genügend Reibungswiderstand für eine normale Fortbewegungsweise. Andere Schlangenarten in Nordafrika und Nordamerika beherrschen ebenfalls die Kunst des Seitenwindens neben der üblichen Fortbewegung.

Rechts: Der Fransenfinger (Acanthodactylus sp.) bewegt sich auf dem Sand der Namib-Wüste wie auf einer heißen Platte. Er macht einen Schritt mit dem linken Hinter- und dem rechten Vorderfuß, während er die beiden anderen Füße anhebt, damit sie etwas abkühlen können. Dann tritt er mit den angehobenen Füßen auf und läßt die beiden anderen abkühlen.

Stellen ihre Grenzen weiter ausdehnt – ein für Wild- und Haustiere gleichermaßen bedrohlicher Vorgang.

Die Sahara heute

Die Sahara bedeckt eine Fläche von etwa zehn Millionen Quadratkilometern, ein Gebiet, das fast so groß ist wie die USA. Die meisten Menschen stellen sich diese riesige Wüste als eine endlose Dünenlandschaft vor, doch nur der siebte Teil ist sandig, vor allem die großen »Ergs« oder Dünenmeere. Das große Sandmeer Libyens und Ägyptens ist mit einer Ausdehnung von der Größe Frankreichs die bedeutendste Dünenregion der Welt, in der viele Dünen hundert und mehr Meter emporragen. Andere große Ergs finden sich in Südtunesien, Ost- und Mittelalgerien, Mauretanien und Niger. Ein großer Teil der Sahara, der nicht sandig ist, ist von »Reg«ebenen, einem »Wüstenpflaster« aus glattgeschliffenen schwarzen oder violetten Steinen, oder von dem flachen Kalkgestein der Hamada bedeckt.

Topographisch stellt die Sahara eine Mischung aus Hoch- und Tiefebenen dar, kreuz und quer durchzogen von Erhebungen und Senken, die ihr in den Augen eines Geographen »eine grandiose architektonische Einfachheit« verleihen. In Ostwestrichtung verlaufen die vier mächtigen Gebirgsketten, die sich vom westlichen Sudan bis Südalgerien erstrecken. Die höchste ist das Tibesti-Gebirge in Tschad (bis 3400 m) an der Grenze nach Libyen. Am bekanntesten sind die algerischen Ahaggar-Berge (bis 3000 m), die man gerne als die »Alpen der Sahara« bezeichnet. Ebenfalls in ostwestlicher Richtung, von Kairo bis Südalgerien, zieht sich ein langgestrecktes Senkensystem hin. Im Norden flankiert von südwärts gerichteten Felsklippen, bergen diese Senken eine Kette von Oasen, die einst den zwischen dem ägyptischen Theben und Karthago verkehrenden Karawanen Zuflucht gewährten, und die Überreste antiker Städte.

Das auffälligste topographische Merkmal ist ein Grabensystem in Nordsüdrichtung, das hintereinander gestaffelt das Rote Meer, das Niltal und einige weitere Einsenkungen umfaßt, die sich südwestlich über Libyen bis nach Ostalgerien erstrecken. Der Nil ist der einzige Strom, der die Sahara durchfließt; die zahlreichen Wadis in anderen Einzugsgebieten entspringen in Gebirgszügen im Inneren oder am Rande der Sahara und enden in Becken innerhalb der Wüste, die zuweilen unter dem Meeresspiegel liegen.

Vor allem weil sich die Sahara in der subtropischen Hochdruckzone ausbreitet, beträgt die jährliche Niederschlagsmenge meist weniger als 125 mm. Wie in allen Wüstenregionen schwanken die Regenfälle jedoch erheblich; in einem Zeitraum von 30 Jahren fiel in 17 Jahren überhaupt kein Regen. Die Tagestemperaturen steigen im Sommer auf weit über 40 °C an und liegen häufig über 50 °C.

Das nördliche Drittel der Sahara empfängt seine Feuchtigkeit hauptsächlich zwischen Herbst und Frühjahr. Die Strauchvegetation dieser Region bietet Weidemöglichkeiten für die Herden der arabischen Ziegen- und Schafhirten, die noch vor zwei Generationen Nomaden waren, aber mittlerweile weitgehend seßhaft geworden sind. Das mittlere Drittel ist der trockenste Teil der Sahara, der nur in unregelmäßigen Abständen ein wenig Feuchtigkeit abbekommt. Obwohl er die spärlichste Vegetation aufweist, finden hier Schaf- und Ziegenhirten ein bescheidenes Auskommen. Im südlichen Drittel, der sogenannten Sahelzone, hat sich die Wüste in letzter Zeit infolge der anhaltenden Dürre beträchtlich ausgedehnt. Normalerweise fällt im Sahel der meiste Regen im Sommer. Die Vegetation besteht aus Bäumen, die nach Süden zu immer zahlreicher werden, und aus perennierenden Grä-

Der nächtlich lebende Sandschwimmergecko (Palmatogecko rangei), oben, verläßt am Abend seinen unterirdischen Bau im Namib-Sand und streift während der Dunkelheit nahrungsuchend umher.

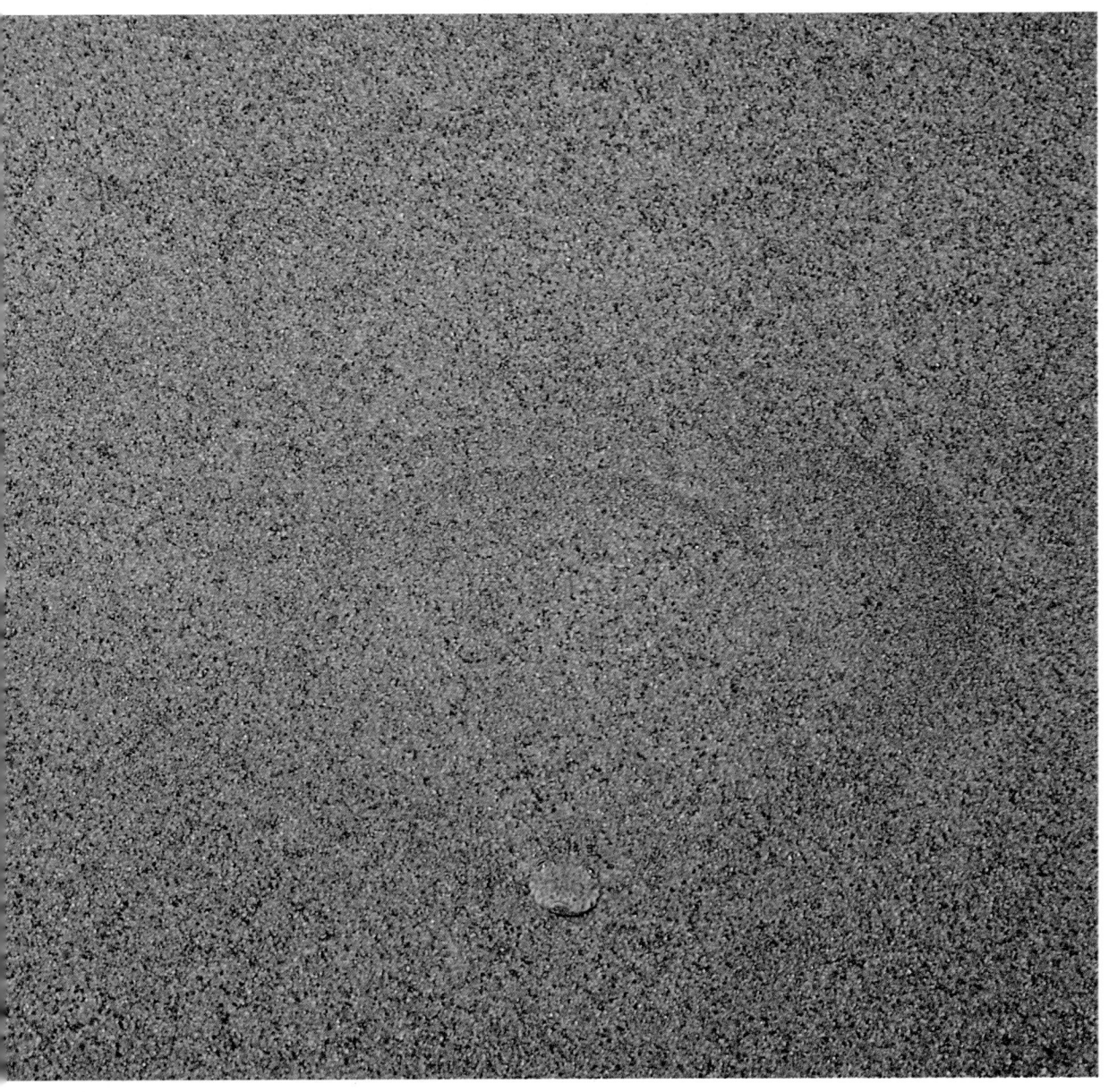

sern, von denen sich das Vieh der Nomaden ernährt. Die Somali-Chalbi-Wüste Somalias, Kenias und Äthiopiens – ein arider Gebietsstreifen um das Horn von Afrika – stellt eine östliche Verlängerung der Sahelzone dar; die sommerlichen Regenfälle lassen auch hier Gras gedeihen, das den Rindern als Nahrung dient.

Die meisten Menschen halten zwar das Rote Meer für die östliche Begrenzung der Sahara, aber die subtropische Hochdruckzone endet hier keineswegs. Sie setzt sich vielmehr nach Osten auf der arabischen Halbinsel fort. Das riesige Gebiet zwischen Maskat am Golf von Oman und Dakar am Atlantik bildet eine geschlossene Region, und das Rote Meer ist nur ein Einschnitt in einer zusammenhängenden Wüstenlandschaft. Die arabische Wüste erstreckt sich über drei Millionen Quadratkilometer und besteht zu fast einem Drittel aus Sandboden, der höchste Sandanteil aller großen Wüsten.

Der Sandschwimmergecko übersieht die Sandviper, die sich so tief in den Sand eingewühlt hat, daß nur noch ihre Augen und Nasenöffnungen hervorlugen (oben). In dieser Lage lauert die Schlange ihrer Beute auf. Ihre Tarnung ist so perfekt, daß der Gecko ihr sogar auf den Kopf tritt (links).

Die beiden Wüsten im südlichen Afrika

Die regenreiche Äquatorialregion trennt die Sahara von zwei ungewöhnlichen und weniger bekannten Wüstengebieten in den trockenen

Breiten der Südhalbkugel. Das größere ist die etwa 600 000 km^2 messende Wüste Kalahari in Botswana, der Südafrikanischen Republik und Namibia. Sie ist nicht so kahl wie die Sahara oder die Arabische Wüste. Die vor allem im Sommer niedergehenden Regenfälle überziehen den Boden mit einer schütteren Grasdecke, die im Norden mit bis zu zwölf Meter hohen Bäumen und im trockeneren Süden mit Buschwerk durchsetzt ist.

Die Böden der Kalahari sind größtenteils sandig und bilden vielfach parallel verlaufende Wellen, Überbleibsel alter Sanddünen, die durch den Pflanzenbewuchs verfestigt wurden. Die Senken zwischen diesen Erhebungen fangen während der seltenen Regengüsse das abfließende Wasser auf, so daß vorübergehend Tümpel entstehen. Es ist eine Besonderheit der Kalahari, daß diese Tümpel zeitweise weit mehr Wildtiere anlocken, als in der Sahara zu finden sind. Wie der größte Teil Afrikas südlich der Sahara ist auch die Kalahari nicht so lange als Weideland genutzt worden wie das nördliche Afrika. Folglich kann die dortige Vegetation mehr freilebende Tiere ernähren als andere afrikanische und asiatische Wüstenregionen.

Zu den merkwürdigsten Wüsten der Erde zählt die Namib, ein schmaler, ungefähr 100 km breiter Landstreifen im Südwesten Afrikas, längs der Atlantikküste von Namibia. Die Wüste Namib ist aufgrund ihrer geographischen Breite zwar trocken, aber ihre Lage an der Stelle, wo der kalte Benguelastrom auf seinem Weg nach Norden antarktische Gewässer verläßt und die auflandigen Winde stark abkühlt, hat zur Folge, daß sie teilweise empfindlich kalt und an mehr als 200 Tagen im Jahr von Nebel eingehüllt ist. Trotz ihrer feucht-kühlen Atmosphäre trägt diese trockenste Wüste Afrikas keine nennenswerte perennierende Vegetation. Das nahezu völlige Fehlen einer Pflanzendecke hat die bizarre Fauna der Namib – eine bunte Mischung aus Käfern, Reptilien, Spinnen und sonstigen Tiergruppen – dazu gezwungen, sich an ein Leben im Sand anzupassen.

Die Suche nach Wasser

Für alle wüstenbewohnenden Tiere, so mannigfach und geschickt sie sich auch an ihre Umwelt angepaßt haben, ist die Suche nach Wasser eine lebenswichtige Aufgabe. Während die meisten das erforderliche Wasser aus dem pflanzlichen oder tierischen Gewebe ihrer Nahrung oder bei der Verdauung der trockenen Nahrungsbestandteile durch Stoffwechselvorgänge beziehen, benötigen einige Arten »richtiges« Trinkwasser, und auch die anderen nehmen es gerne auf, wenn es ihnen zugänglich ist.

Zwar erhält die Wüste Namib weniger Regen als andere afrikanische Wüsten, aber der Nebel, der nicht genügend Feuchtigkeit enthält, um eine dauerhafte Vegetation hervorzubringen, liefert immerhin Trinkwasser für jene Tierarten, die es zu kondensieren verstehen. Viele Schwarzkäfer *(Tenebrionidae)* nehmen »Nebelbäder«; sie stehen dabei reglos direkt auf dem Kamm einer Sanddüne, auf dem sie sich mit ihren Hinterbeinen festhalten, während die Vorderbeine am meerzugewandten Hang nach unten gerichtet sind. In dieser Hängelage ist ihr Rücken dem Nebel zugekehrt, der von der Küste aus landeinwärts zieht. Die Feuchtigkeit setzt sich in winzigen Tröpfchen auf dem Rücken ab und rinnt von dort zur Mundöffnung.

Die Sandviper *(Bitis peringueyi)* sammelt Wasser auf ähnliche Weise, indem sie sich auf meerseitigen Dünenhängen zusammenringelt. Der über sie hinwegziehende Nebel kondensiert auf ihrem Leib zu Tröpfchen, die von der Schlange aufgeleckt werden. Nur ektotherme oder »kaltblütige« Tiere wie Reptilien und Insekten können so Feuchtig-

*Rechts: Ein Pillendreherkäfer
(Scarabaeidae) in Botswana rollt eine
Kotkugel in sein Loch. Das Weibchen
legt seine Eier in der Kugel ab, von der
dann die Larven zehren.*

Obere Reihe, links: Trotz der Unfruchtbarkeit und Scheuertätigkeit des Sandes hat sich eine Vielzahl von Organismen in den Dünen der Namib-Wüste entfaltet. Ein Dunkel- oder Schwarzkäfer (Cardiosis sp.) taucht in den Sand ein, um sich vor Wasserverlust und Feinden zu schützen. Mitte: Ein anderer Dunkelkäfer der Familie Tenebrionidae verzehrt eine Dolchwespe (Scoliidae). Dunkelkäfer sind Aasfresser, die sich von abgestorbenen Pflanzen und tierischen Überresten ernähren. Rechts: Die skorpionähnliche Helle Walzenspinne (Metasolpuga picta) der Namib-Wüste ist ein Räuber, der von Insekten lebt. Die Walzenspinnen sind in zahlreichen Arten über die Wüsten der Erde verbreitet.

Untere Reihe, links: Das Foto zeigt einen anderen Cardiosis-Käfer, eine der 200 Dunkelkäferarten, die in der Wüste Namib heimisch sind. Alle Wüsten, mit Ausnahme der extremsten Gebiete, beherbergen eine vielgestaltige Wirbellosenfauna. Es ist nicht ungewöhnlich, daß man auf einem Quadratkilometer Wüstenboden mehrere hundert oder gar über tausend Arten antrifft. Mitte: Onymacris vegatapennis bei einer Verfolgungsjagd während der Paarungszeit. Rechts: Die White-Lady-Spinne tarnt ihr Netz mit Sandkörnchen und breitet es dann über ihrem Bau aus. Die arglosen Beutetiere können das Netz nicht vom Sandboden unterscheiden und verfangen sich in ihm, sobald sie es betreten.

keit gewinnen, denn Nebel schlägt sich nur auf Oberflächen nieder, die kälter sind als die sie umgebende Luft. Ein Vogel oder Säuger mit konstant hoher Körpertemperatur kann dagegen keine Feuchtigkeit kondensieren lassen.

Viele Tümpel in der Kalahari sind wahrscheinlich Wasserlöcher, welche die Tiere selbst geschaffen haben. Solche Wasserstellen bildeten sich ursprünglich meist in der Nähe von Termitenhügeln, die reich an bestimmten Mineralstoffen sind, da sie aus Erdreich errichtet werden, das die Termiten mit ihren Sekreten zementieren. Große Weidetiere belecken deshalb die Hügel, so wie unsere Kühe an Salzblöcken lecken. Im Laufe der Zeit entstehen durch die vielen scharrenden scharfen Hufe Vertiefungen rings um den Hügel. Der Wind bläst den pulverisierten Boden fort, wodurch die Löcher immer tiefer werden, bis sie schließlich so groß sind, daß sich nach dem Regen Wasser in ihnen ansammelt. Die Tiere, die sich dann zum Trinken einstellen, setzen den Prozeß fort, so daß sich der Tümpel stetig ausweitet. Viele Tümpel bedecken mehrere hundert Hektar oder gar mehrere Quadratkilometer. Sie locken vielerlei Tiere an, unter anderem Spießböcke *(Oryx gazella)*, Burchellzebras *(Equus burchelli)*, Strauße *(Struthio camelus)* und Springböcke *(Antidorcas marsupialis)*.

Auch manche Vögel müssen täglich trinken. Zu dieser Gruppe gehören die Tauben, von denen in den meisten Wüstengebieten eine oder mehrere Arten heimisch sind. In Nordafrika legt die Turteltaube *(Streptopelia turtur)* Tag für Tag 50 oder 75 km zum nächsten Wasserloch zurück. Im Unterschied zu anderen Vögeln, die Wasser mit dem Schnabel schöpfen und dann die Kehle herabrinnen lassen, trinken die Tauben nach Menschenart, indem sie das Wasser ohne Unterbrechung einsaugen und abschlucken. Die Taubeneltern füttern ihre Jungen mit einer im Kropf erzeugten Ausscheidung, der sogenannten Kropfmilch. Die Jungen führen ihren Schnabel in den des Elterntiers ein, das daraufhin die Kropfmilch auswürgt, welche die Küken mit der notwendigen Feuchtigkeit versorgt. Wenn die Jungtauben heranwachsen, versiegt bei den Eltern die Kropfmilch nach und nach, und sie werden zunehmend mit Samen geatzt. Da ihr Wasserbedarf ansteigt, würgen die Alten einen Teil des Wassers aus, das sie auf ihren täglichen Rundflügen aufgenommen haben.

Die in Afrika und Asien beheimateten Flughühner *(Pteroclidae)* bedienen sich eines noch ausgefalleneren Verfahrens, um ihre Jungen mit Wasser zu versorgen. Diese hochspezialisierten Vögel, die mit den Tauben verwandt sind, ernähren sich gleichfalls von Sämereien und benötigen täglich Trinkwasser. Wenn die Altvögel des Morgens zur Tränke fliegen, tauchen sie ihr Brust- und Bauchgefieder ins Wasser, das sich wie ein Schwamm vollsaugt. Dann kehren sie mit ihrem Wasservorrat zum Nest zurück, wo die Küken das Wasser mit dem Schnabel von den Federn abstreifen.

Schutz gegen Überhitzung

Alle Wüstentiere müssen Mittel und Wege finden, eine Zunahme der Körperwärme zu vermeiden und überschüssige Wärme abzugeben, wenn sie überleben wollen. Eines dieser Mittel ist die richtige Einteilung der Tagesaktivitäten. Sehr viele Tiere der Wüste sind nachtaktiv; sie werden im offenen Gelände nur in der Nacht oder am späten Abend und frühen Morgen munter. Wenn man im Sommer mitten am Tag durch die Negev-Wüste wandert, gewinnt man den Eindruck, die Gegend sei fast unbelebt. Doch macht man, mit einer Taschenlampe bewaffnet, den gleichen Spaziergang bei Nacht, dann entdeckt man allenthalben Skorpione und Schlangen, die aus der Erde hervorge-

Rechts: Zwei weibliche Gelbkehlflughühner (Pterocles gutturalis) machen Station an einer Wasserstelle in der Kalahari-Wüste. Die Flughühner bedienen sich einer ungewöhnlichen Methode, um ihre Jungen zu tränken. Die Brustfedern sind so entwickelt, daß sie sich beim Eintauchen mit Wasser vollsaugen. Die Eltern fliegen dann zum Nest, wo die Jungen das Wasser aus den Federn abstreifen.

kommen sind und auf Beute lauern. Nagetiere streifen nahrungssu-
chend umher, und an den Wasserstellen versammeln sich Gazellen,
Steinböcke *(Capra ibex)*, Füchse *(Vulpes vulpes)* und Goldschakale
(Canis aureus).

Eidechsen, Vögel und viele Insekten sind auch tagsüber rege. In den
heißesten Monaten beschränken sich jedoch ihre Bewegungen auf
kurze Phasen in der Morgen- und Abenddämmerung. In gemäßigten
Breiten beginnen die meisten Vögel etwa 30–45 Minuten vor Sonnenaufgang zu singen und zu balzen, und diese Darbietung dauert zwei
oder drei Stunden. Aber Wüstenvögel, wie beispielsweise die Hauben-
lerche *(Galerida cristata)*, die in Nordafrika und im Nahen Osten sehr
häufig ist, sind schon eine Stunde vor Sonnenaufgang munter, doch
wenn der Rand der Sonnenscheibe am Horizont auftaucht, haben sie
ihre Aktivität bereits wieder eingestellt.

Ameisen, ebenfalls allgemein verbreitete Wüstenbewohner, sind wie
die übrigen Insekten, die Fische und Reptilien ektotherme Tiere, deren Körpertemperatur stark von der Umgebung abhängt. Sie sind also
der Gefahr der Überhitzung und Unterkühlung gleichermaßen ausgesetzt. Im Spätherbst, im Winter und im Frühling sind die Ameisen um

*Oben: Ein männliches Namagua-
Flughuhn (Pterocles namagua) ist mit
seinen Küken auf der Futtersuche. Wie
die ihnen nahestehenden Tauben
ernähren sich die Flughühner von
Sämereien. Sie brauchen täglich frisches
Wasser, und um es zu finden, legen sie 50
bis 75 Kilometer zurück.*

die Mittagszeit munter, wenn es angenehm warm ist. Doch vom Spätfrühling bis zum Frühherbst steigen die Mittagstemperaturen zu stark an, und die Tiere verlegen ihre Aktivitäten auf Morgen und Abend.

Wüstentiere, die des Nachts oder in der Morgen- und Abenddämmerung munter sind, verbringen die Zeit der Untätigkeit im Schatten oder unter der Erde. Für jene, die sich nicht in die Erde verziehen, ist ein Schattenplatz eine Kostbarkeit. Der Kaphase *(Lepus capensis)* sitzt in den Morgenstunden auf der Westseite unter einem Busch, doch sobald die Sonne am Mittag ihren Zenit überschritten hat, wechselt er auf die östliche Seite über. Die Wüstenvögel hocken am hellen Tag vollkommen reglos unter Sträuchern oder Zweigen. Die Mendesantilope *(Addax nasomaculatus)* der Sahara und der Nubische Steinbock *(Capra ibex nubiana)* der Negev-Wüste, die vorzugsweise in gebirgigem und felsigem Gelände leben, bringen die Tagesstunden in Höhlen oder im Schatten überhängender Felsvorsprünge zu.

Um der Hitze auszuweichen, haben viele wüstenbewohnende Insekten, Eidechsen und Nager eine grabende Lebensweise angenommen. Gewöhnlich legen sie ihre Wohnröhren im Löß oder Lehm in unmittelbarer Nähe der Büsche an. Die in Afrika und Asien heimischen Wüstenrennmäuse graben ein kompliziertes Röhrensystem, das ein bis zwei Meter unter die Oberfläche hinabreicht.

Der Rückzug in den Untergrund ist freilich nur Bestandteil eines umfassenderen Verhaltensmusters, durch das sich die Wüstentiere die vertikal gegliederten Temperaturunterschiede sowohl über als auch unter der Erdoberfläche zunutze machen. Die Temperaturen sind am höchsten auf dem Boden und nehmen in den ersten Zentimetern darüber und darunter ganz abrupt und in größeren Höhen oder Tiefen langsamer ab.

Wüstentiere reagieren sehr empfindlich auf solche feinen Temperaturschwankungen. Wenn ein Tier nur einen Meter hoch auf einen Strauch steigt, wie es Schlangen und Eidechsen in der Regel tun, oder sich 30 cm tief in den Boden eingräbt, findet es eine Umgebung vor, die 20–30 °C kühler ist als die Bodenoberfläche.

Selbst ein paar Millimeter können für ein Tier ausreichen, um der Gluthitze des Bodens zu entgehen. Die Vertreter einer nordafrikanischen Ameisenart laufen mit möglichst gestreckten Beinen umher, um ihren Körper so weit wie möglich vom Untergrund abzuheben. Darüber hinaus richten sie, um die Temperatur ihres Hinterleibs um ein oder zwei Grad zu senken, den Körper fast senkrecht empor, statt ihn wie die meisten Ameisen waagerecht zu tragen.

Die langen Läufe und die breiten Sohlen ermöglichen es dem Dromedar *(Camelus dromedarius)*, sich im lockeren Sand mühelos fortzubewegen. Doch ebenso wichtig ist, daß sich der Körper des Tiers dank der langen Beine in einer Höhe befindet, wo die Lufttemperatur etwa 25 °C niedriger ist als auf dem Boden. Die langen Beine der Strauße erfüllen den gleichen Zweck.

Greifvögel wie der Gaukler *(Terathopius ecaudatus)* der Kalahari – eine kurzschwänzige Adlerart – kreisen schwerelos im Aufwind der vom Boden aufsteigenden Luft. Sie erheben sich in Höhen von 300–500 m, wo die Temperaturen 40–50 °C niedriger sind als an der Erdoberfläche.

Ein Saharavogel, der Rennschmätzer *(Oenanthe leucopyga),* weicht der Wüstenhitze aus, indem er über Tage hinweg mehrere hundert Steine zusammenträgt, die halb soviel wiegen wie er selber, und zu einer etwa 15 cm hohen Pyramide aufschichtet. Oben auf dieser Steinpyramide baut er sein Nest, so daß sich das Gelege über den heißen Wüstenboden erhebt und der kühlende Wind durch den porösen Steinhaufen streichen kann. Die Nester werden oft im Schatten überhängender Klippen oder an der Ostseite großer Felsblöcke angelegt.

Wärmeabstrahlung

Durch ihr Verhalten können sich zwar die endothermen Vögel und Säugetiere der Wüstenhitze weitgehend entziehen, aber der im Körperinneren erzeugten Wärme können sie nicht entgehen. Um einen Hitzestau zu vermeiden, müssen sie sie nach außen abgeben. Keine Tierart verfügt über wirksamere Anpassungsmechanismen zur Wärmeabstrahlung als die Säuger der Sahara und der arabischen Wüstengebiete. Diese schlank gebauten Tiere, vielfach mit langen Ohren, Hälsen und Gliedmaßen, besitzen allesamt eine große Körperoberfläche im Verhältnis zu ihrem Volumen.

Die Dünengazelle *(Gazella leptoceros)* der Sahara ist ein typischer Vertreter dieser Tiergruppe. Das gleiche gilt für die Kamele, bei denen der lange Hals, die hohen Läufe und der langgestreckte Rumpf sowie die ausgedehnten Bauchseiten eine große Oberfläche zur Wärmeabsonderung ergeben. Beim Strauß dienen die langen Beine und der lange Hals der gleichen Funktion, und die nackte, nicht durch Federn isolierte Haut des Halses strahlt die Wärme besonders gut ab. Viele Tierarten der Wüste, etwa die kleine Wüstenspringmaus und der Kaphase, haben lange Ohren. Dieses Merkmal ist noch stärker ausgeprägt beim zierlichen Wüstenfuchs oder Fennek *(Canis = Fennecus zerdus)*. Diese hübschen, hell gefärbten Füchschen, die kleiner bleiben als eine Hauskatze, besitzen riesige Ohren, deren Oberfläche auf einer Seite größer ist als das gesamte Gesicht der Tiere.

Das Bedürfnis, körpereigene Wärme abzugeben, stellt die Wüstentiere vor ein anderes Problem. Weil das Nahrungsangebot in der Wüste höchst unzuverlässig ist, erweist es sich für die Tiere als vorteilhaft, wenn sie in Zeiten des Überflusses Fett speichern, so wie die Sukkulenten nach dem Regen große Mengen Wasser aufnehmen. Gewöhnlich legen jedoch Tiere ihre Fettvorräte unter der Haut an. Da Fett eine gute Isolierung gegen den Wärmeaustausch darstellt, würden solche Vorräte die Abgabe überschüssiger Körperwärme erschweren. Für Wüstentiere besteht die Lösung des Problems darin, daß sie die Fettvorräte in einer begrenzten Körpergegend konzentrieren. Der Kamelhöcker ist dafür das bekannteste Beispiel. Der Fettschwanzgecko *(Pterydactylus dauricus)* der jordanischen Wüstengebiete ein weiteres. In Nordafrika und Vorderasien ist das Fettschwanzschaf, eine Form des Hausschafes *(Ovis aries)*, weit verbreitet.

Jeder Gegenstand gibt Wärme ab, wenn auf seiner Oberfläche Wasser verdunstet. Das gilt auch für Tiere, auf deren Haut Schweiß verdunstet. Die Zebras schwitzen, desgleichen die anderen Huftiere wie Gazellen, Springböcke, Spießböcke und Steinböcke. Die Raubtiere der Sahara, also Streifenhyänen *(Hyaena hyaena)*, Schabrackenschakale *(Canis mesomelas)* und Sandkatzen *(Felis margarita)*, hecheln. Dabei verdunstet Feuchtigkeit auf der Zunge und den Mundschleimhäuten.

Die Wüstenvögel, die tagsüber im Schatten sitzen, geben Wärme über die Kehle ab; dieser Vorgang entspricht dem Hecheln der Säugetiere. Sie öffnen dabei den Schnabel und lassen ihre Kehle vibrieren, während sie sehr schnell Luft einsaugen und wieder ausstoßen. Dadurch verdunstet Feuchtigkeit auf der Lungenoberfläche.

Die Sanddünen als Lebensraum

Lockerer, unbewachsener Sand ist eine labile Unterlage. Man möchte nicht glauben, daß sich in einer solchen Umwelt ein mannigfaltiges Tierleben entfalten könnte. Doch im Laufe von Jahrmillionen hat die Evolution Organismen hervorgebracht, die unter fast allen Umweltbe-

Vorhergehende Seite, oben: Karminspinte (Merops nubicoides), die zur Familie der Bienenfresser gehören, versammeln sich in der Kalahari-Wüste. Mitte: Der Scharlachspint (Merops nubicus) wendet bei der Nahrungssuche einen besonderen Trick an. Er läßt sich auf dem Rücken einer Riesentrappe (Ardeotis kori) nieder und reitet so lange umher, bis er ein Insekt erspäht hat. Dann fliegt er davon, um seine Beute zu erhaschen. Unten: Der Sekretär (Sagittarius serpentarius) ist ein ungewöhnlicher, hochbeiniger und bodenlebender Greifvogel, der von Schlangen und Nagetieren lebt.

Folgende Seiten: Strauße (Struthio camelus), die größten Vögel der Erde, flüchten über einen Trockensee in Namibia. Die nächsten Verwandten der Strauße sind die südamerikanischen Nandus (Rhea americana) und die australischen Emus (Dromaius novaehollandiae). Die Verbreitung dieser flugunfähigen Vögel ist einer der Belege dafür, daß Afrika, Südamerika und Australien einstmals in dem riesigen südlichen Superkontinent Gondwanaland miteinander verbunden waren.

dingungen, die unsere Erde zu bieten hat, überleben können. So bergen auch die kahlen Sanddünen der Namib-Wüste eine erstaunliche Vielfalt an Tieren, die sich auf die eine oder andere Weise den Sand zunutze zu machen verstehen, vor allem, indem sie sich in ihn einwühlen, um Wasserverlusten vorzubeugen, um der Sonnenglut zu entgehen, um sich ihren Feinden zu entziehen oder um versteckt auf Beute zu lauern.

Um im Sand nicht aufzufallen, haben manche Arten eine Schutzfärbung von großer Schönheit angenommen. Die Angehörigen einer Heuschreckenart sind nicht nur sandfarben, sondern auch halb durchscheinend, so daß sie sich fast unsichtbar machen, wenn sie still dasitzen.

Andere Arten bewegen sich mit großer Leichtigkeit durch den Sand. Die Lanzen- und Blindskinke *(Acontias* und *Typhlosaurus)*, zwei südafrikanische Glattechsengattungen, haben im Verlauf einer langen Auslese ihre Gliedmaßen vollständig zurückgebildet und können deshalb mühelos durch den Sand »schwimmen«, fast wie ein Aal im Wasser. Auch die Augen sind stark verkümmert, beziehungsweise unter Schuppen verborgen. Die Goldmulle *(Chrysochloridae)*, maulwurfähnliche, grabende Kerbtierfresser, die sich in ihrer Fellfarbe hervorragend an ihre Umwelt angepaßt haben, besitzen kräftige Vorderbeine, mit denen sie sich behende durch den Sand graben können, wenn sie ihrer Beute nachstellen, die aus den beinlosen Skinken sowie aus Insekten und Würmern besteht. Da sie im Sand ohnehin nichts sehen, sind ihre Augen stark verkümmert und vom Fell vollständig überzogen. Die Tiere verlassen sich ganz auf ihren feinen Geruchssinn und auf ihre anderen Sinne.

Zahlreiche räuberisch lebende Tiere haben ungewöhnliche Verhaltensweisen entwickelt, die ihnen beim Beutefang zugute kommen. Die bereits erwähnte Sandviper *(Bitis peringueyi)*, eine kleine Schlange, die sich hauptsächlich von Eidechsen ernährt, wühlt sich durch Schlängelbewegungen so tief in den Sand ein, daß nur noch die Nasenöffnungen und Augen hervorschauen. Die Augen sind überdies so hoch angesetzt, daß der ganze Kopf im Sand untertauchen kann. So wartet die Viper, ohne sich zu rühren, auf vorüberkommende Beutetiere.

Zwei räuberische Spinnenarten benutzen Sandkörnchen, um ihre Beute zu täuschen. Die White-Lady-Spinne gräbt eine kleine Vertiefung in den Sand und überspinnt sie mit einem Netz, in das so viele Sandkörner eingelassen sind, daß es nicht mehr zu erkennen ist. Wenn ein Beutetier, zum Beispiel eine Grille, über das Netz läuft, bricht es ein und fällt in die Grube. Trifft die Spinne ihrerseits auf einen Raubfeind, flieht sie auf den Kamm einer Düne, rollt sich zu einer Kugel zusammen und wälzt sich schnell am Steilhang hinunter.

Die zweite Spinnenart webt ebenfalls Sandkörner in ein Netz ein, das groß genug ist, ihren Körper zu bedecken. Sobald das Gewebe fertig ist, wirft sich die Spinne auf den Rücken und zieht es über sich. Dann wartet sie darauf, daß ein Opfer das Tarnnetz betritt und sich in ihm verfängt.

Die Spinnenwespen *(Pepsis)* überwältigen ihre aus Spinnen bestehende Beute mit ihrem Giftstachel und graben dann mit Hilfe ihrer Beine, die an den Seiten mit rechenförmigen Fortsätzen besetzt sind, ein Loch in den Sand. Die Wespe schiebt die gelähmte Spinne in das Loch, legt ein Ei auf ihr ab und verschließt das Loch wieder. Die ausgeschlüpfte Wespenlarve ernährt sich von der noch immer lebenden Spinne. Wenn das Wirtstier so weit verspeist ist, daß es abstirbt, ist die Larve voll entwickelt und verwandelt sich in eine fertige Wespe. Wie die Spinnenwespen mit rechenähnlichen Beinen ausgerüstet sind, so besitzen die Fransenfingereidechsen *(Acanthodactylus)* Borsten an den Zehenspitzen, die ihnen die Fortbewegung auf dem Sandboden

Vorhergehende Seite: Die in der Namib heimischen Erdmännchen (Suricata suricatta), auch Surikaten oder Scharrtiere genannt, sind kleine Beutegreifer, die mit den in Afrika weitverbreiteten Mungos und Zibetkatzen verwandt sind. Die sehr geselligen Tiere leben in kleinen Familien in Erdbauen zusammen und ernähren sich vorwiegend von Wirbellosen, erbeuten aber gelegentlich auch Nager, kleine Vögel und Reptilien. Erdmännchen lassen sich leicht zähmen und sind deshalb als Hoftiere auf den Farmen beliebt.

Diese West-Erdhörnchen (Xerus = Euxerus erythropus) tragen in der ostafrikanisschen Somali-Chalbi-Wüste einen Territorialkampf aus. Die Tiere traktieren einander mit ihren Hinterbeinen, ohne daß sie sich dabei ernstlich verletzen oder gar umbringen. Das stärkere und energischere Tier geht aus dem Kampf als Sieger hervor.

erleichtern, so wie der Mensch Schneeschuhe benutzt, um nicht einzusinken. Der nachtaktive Sandschwimmergecko *(Palmatogecko rangei)* hat sich für eine ähnliche Lösung entschieden: Seine Zehen sind mit »Schwimmhäuten« bespannt, so daß die Füße eine scheibenförmige Form haben.

Wüstengebiete beherbergen zwar keine solche Fülle an Lebensformen wie die Savannen und Wälder, aber sie sind auch keine leeren Einöden. Sie weisen vielmehr eine Faunavielfalt auf, die wohl nur noch von den Tropen übertroffen wird. Und dazu gehören einige der ungewöhnlichsten und am höchsten spezialisierten Tiere, die es auf der Erde gibt.

Folgende Seiten: Spießböcke oder Oryxantilopen (Oryx gazella) und Burchellzebras (Equus burchelli) stehen in einem Trockensee in Namibia. Ein Schabrackenschakal (Canis mesomelas) trabt vorüber.

Die Trockengebiete Mittel- und Ostasiens

Der große iranische Trockenraum erstreckt sich in einer von Becken und Erhebungen geprägten Region. Die wichtigsten landschaftsgestaltenden Kräfte sind die Aufwärtsbewegungen der Krustenschollen, durch die Gebirgsketten aufgetürmt werden. Diese werden wiederum abgetragen, und das erodierte Material lagert sich in den Becken zwischen den Gebirgsketten ab. Alluvialgürtel am Fuße der Berge sind charakteristisch für solche Landschaftsformen.

Folgende Seiten: Ein Wanderheuschreckenschwarm (Schistocerca gregaria) verdunkelt den Himmel über einer Landschaft im westlichen Indien. Diese Insekten sind von Afrika nördlich des Äquators über Vorderasien bis zu den Trockengebieten Zentralasiens verbreitet. Wenn Regenfälle die richtigen Vorbedingungen schaffen, entwickeln sich Heuschreckenschwärme, die eine Bestandsdichte von tausend Tieren pro Quadratmeter erreichen können. Zieht dann ein Tiefdruckgebiet über die betreffende Region hinweg, erhebt sich der Schwarm in die Luft und läßt sich von der vorherrschenden Luftströmung mit dem Wind davontragen.

Bevor Sven Hedin und andere Forschungsreisende des 20. Jahrhunderts ihre Berichte über die Wüsten Takla-Makan, Kysylkum und Gobi und über die weite Sumpflandschaft von Lop Nor veröffentlichten, hatten die Menschen im Westen keinerlei Vorstellung von den Trockenräumen Mittelasiens. Andere Entdeckungsreisende beschrieben das reiche Tierleben der Wüsten im Westen Indiens, und erst heute kann man sich ein Bild machen von den Ausmaßen und der Vielfalt der asiatischen Wüstenregionen.

In Zentral- und Ostasien können wir im wesentlichen zwei Wüstentypen unterscheiden. Der erste, wie ihn die Thar-Wüste im westlichen Indien und im östlichen Pakistan vertritt, ist eine heiße, in niederen Breiten gelegene Wüstenlandschaft, sehr ähnlich den Wüstengebieten Nordafrikas und Arabiens, als deren Ausläufer sie von manchen Geographen betrachtet wird. Der andere Typ, zuweilen als »Kältewüste« bezeichnet, erstreckt sich von Westpakistan in westlicher Richtung durch Afghanistan und Iran, verläuft dann nordwärts zum Süden der Sowjetunion und wieder nach Osten durch Nordchina und die südliche Mongolei. Sie liegt in erheblich kälteren Breiten als alle Wüsten, die wir bisher kennengelernt haben. Die klimatischen Unterschiede sind im Sommer, wenn die Temperaturen hier fast so hoch ansteigen wie in den südlicheren Wüstenregionen, weniger spürbar als im Winter, wenn im nördlichen Teil das Thermometer bis 30–40° C unter den Gefrierpunkt fallen kann. Diese niedrigen Temperaturen stellen die Wüstentiere vor ein neuartiges Problem: Sie müssen sich einerseits durch eine Isolierschicht aus Fell, Federn oder Fett vor der Kälte schützen und andererseits mit der Schwierigkeit fertig werden, daß eine solche Isolierung im Sommer die Abgabe überschüssiger Körperwärme behindert.

Wie in anderen Wüsten ist auch hier das pflanzliche und tierische Nahrungsangebot knapp bemessen und zudem höchst unregelmäßig anzutreffen, da es von den sehr launischen Niederschlägen abhängt. Durch die strengen Winter in den Kältewüsten wird das Problem zusätzlich verschärft. In niederen Breiten bleiben manche Wüsteninsekten auch im Winter aktiv und dienen somit Vögeln und Eidechsen ganzjährig als Nahrung, doch im nördlichen Winter verfallen sie in eine Kältestarre, so daß die Insektenfresser in dieser Jahreszeit keinerlei Nahrung vorfinden. Vor der gleichen Schwierigkeit stehen die räuberisch lebenden Arten, die auf Vögel und Eidechsen angewiesen sind. Wenn Schnee fällt – und diese Wüsten empfangen ihre spärlichen Niederschläge zum größten Teil im Winter –, wird die Nahrungsbeschaffung für Fleisch- und Pflanzenfresser noch schwieriger.

So wie die Wüstentiere Mittel und Wege kennen, sich vor Überhitzung und Austrocknung zu schützen, haben sie auch verhaltensmäßige, körperliche und physiologische Anpassungsmechanismen entwickelt, um Nahrung zu finden und Notzeiten zu überdauern. Wie andere Wüstenbewohner ziehen viele Tiere der asiatischen Wüsten umher auf der

Suche nach Gebieten, in denen Regen gefallen ist und Nahrung zur Verfügung steht. Zahlreiche seßhafte Arten legen in Zeiten des Überflusses Vorräte an. Und außerdem haben sich die Tiere auf bestimmte Lebensräume oder Nahrungsstoffe spezialisiert, um einen selbstzerstörerischen Wettbewerb auszuschließen.

Im Lande der Maharadschas

Die Thar-Wüste, etwa zwischen 22 und 32 Grad nördlicher Breite gelegen, dehnt sich größtenteils im westlichen Indien aus, ragt aber noch ein kleines Stück nach Pakistan hinein. Seit vorgeschichtlichen Zeiten ist das Klima dieser 700 000 km² großen Region, genauso wie das Nordafrikas und Vorderasiens, vermutlich immer trockener geworden. Dieser Verödungsprozeß wurde noch gefördert durch menschliche Eingriffe in Form von Viehwirtschaft und Holzeinschlag.

Noch vor einem oder zwei Jahrhunderten brachten die Niederschläge, die hauptsächlich im Sommer fallen und deren Jahresmenge zwischen 30 cm bei Jodhpur im Osten und 15 cm an der pakistanischen Grenze schwankt, eine savannenähnliche Vegetation mit perennierenden Gräsern und weit auseinanderstehenden Bäumen hervor. Von dieser Vegetation ernährten sich zahlreiche wildlebende Weidetiere, zum Beispiel die indischen Gazellen *(Gazella gazella)*, die Nilgauantilopen *(Boselaphus tragocamelus)*, die Hirschziegenantilopen *(Antilope cervicapra)*, die Wildesel *(Equus hemionus Khur)* und die indischen Panzernashörner *(Rhinoceros unicornis)*. Diese Pflanzenfresser wiederum dienten zahlreichen Raubtieren als Nahrung, etwa den Tigern *(Panthera tigris)*, den Löwen *(P. leo)* und den Geparden *(Acinonyx jubatus)*. Die vielen verlassenen Jagdsitze, die einst von den Maharadschas benutzt wurden, aber heutzutage ringsum von kahler Wüste eingeschlossen sind, bezeugen den früheren Wildreichtum dieser Region.

Das Land beherbergte einstmals auch zahllose Standvögel, denen sich im Winter noch Massen von Zugvögeln aus dem Norden hinzugesellten. In der Gegend von Bikaner im Westen der Provinz Rajasthan konnten die Jagdgesellschaften der britischen Vizekönige, der Gouverneure und der sonstigen Potentaten an einem einzigen Tag bis zu 2000 Sandflughühner *(Pterocles orientalis)* erlegen, die hier überwinterten. Bis vor kurzem lockten die Scharen der überwinternden Kragentrappen *(Chlamydotis undulata)* jagdbesessene arabische Scheiche aus dem Nahen Osten an, die diesen Vögeln mit abgerichteten Falken nachstellten. Die Jagd wurde zwar 1978 verboten, aber bis dahin hatten die Trappenbestände schon bedenklich abgenommen.

Heute ist die Wüste Thar ein verödetes Land, das über weite Strecken seiner ausdauernden Bodenvegetation beraubt ist. Die spärlich wachsenden Schraubenbohnenbäume *(Prosopis cineraria)* sind stark verkümmert, die schlaff herabhängenden Zweige dienen als Viehfutter. Der Boden ist sandig, und an der indisch-pakistanischen Grenze breiten sich ausgedehnte Dünenfelder aus. Die Nashörner, Wildesel und großen Raubtiere sind verschwunden, desgleichen fast alle Hirschziegen- und Nilgauantilopen. Man trifft zwar noch einige Gazellen und die meisten angestammten Vogelarten an, aber auch deren Kopfzahl ist stark zurückgegangen.

Die Kältewüsten

Die Kältewüsten setzen sich aus vier größeren Wüstenregionen mit jeweils zwei bis vier kleineren Gebieten zusammen und bedecken ins-

Gefräßige Wanderheuschrecken fallen über eine Hirserispe her, oben. Die Aufnahme entstand während der Heuschreckenplage von 1968 in der Nähe von Keran in Äthiopien.

Oben: Samenfressende Prachtkäfer (Buprestidae) bei der Paarung in der iranischen Wüste. Mitte: Die Gottesanbeterin (Mantidae) ernährt sich von Insekten, denen sie, reglos in der Vegetation sitzend, auflauert. Die meisten Gottesanbeterinnen tragen eine Tarnfärbung. Unten: Wüstenrüsselkäfer (Curculionidae) tun sich an einem Strauch in der iranischen Wüste gütlich.

Folgende Seiten: Ein kapitaler Hirschziegenantilopenbock (Antilope cervicapra) überquert das Kachchh Bari Ran im westlichen Indien. Diese einst in der indischen Thar-Wüste weitverbreitete Antilopenart ist inzwischen beinahe ausgestorben.

Diese in Stufen erodierten Gesteinsschichten befinden sich in den Chusistanbergen im westlichen Iran, die dem Zagros-Gebirge vorgelagert sind. Die Bergketten trennen das aride Landesinnere vom fruchtbaren Tigris-Euphrat-Tal, das sich weiter westlich im Irak erstreckt.

gesamt eine Fläche, die fast halb so groß ist wie die Sahara. Die südlichste Region, die iranische Wüste in Westpakistan, Afghanistan und Iran, hat eine Ausdehnung von rund 500 000 km^2 und erstreckt sich zwischen 25 und 38 Grad nördlicher Breite. Ihre Topographie ist von Gebirgszügen bestimmt, die durch geschlossene Becken voneinander getrennt sind, welche Höhen von 600 bis 2000 m erreichen. Folglich sind die Temperaturen hier deutlich niedriger als in der Thar-Wüste oder auf der arabischen Halbinsel.

Die Wildtierfauna umfaßt Arten aus verschiedenen Wüstengebieten, aus der Thar-Wüste im Osten, den vorderasiatischen Wüsten im Westen und den sowjetischen Wüsten im Norden, aber die Bestände sind infolge klimatischer Veränderungen und übermäßiger Bodennutzung stark zusammengeschmolzen, was sowohl die Individuenzahl als auch die Artenvielfalt betrifft. Ein großer Teil der iranischen Wüste ist kahl und unfruchtbar, so weit das Auge reicht. Die Sanddünen, die sich bis 250 m hoch auftürmen, zählen zu den größten der Welt.

Die zwischen dem Kaspischen Meer im Westen und dem Pamir- und Tienschan-Gebirge im Osten gelegene turkestanische Wüste, die zur Sowjetunion gehört, bedeckt mehr als 2 Millionen Quadratkilometer. Die Karakum-Wüste (»schwarzer Sand«) im Südwesten und die Kysylkum-Wüste (»roter Sand«) im Nordosten bilden die wichtigsten Untergliederungen dieser riesigen sandbedeckten Region. Im Osten der turkestanischen Wüste, in der westchinesischen Provinz Sinkiang, breitet sich die Takla-Makan-Wüste mit einer Fläche von 600 000 km^2 aus. Auch sie setzt sich aus zwei Gebieten zusammen; die eigentliche Takla-Makan-Wüste liegt in einer Senke zwischen den Tienschan-Bergen im Norden und dem tibetischen Hochland im Süden, die einst von einem eiszeitlichen Binnensee von der Größe des Kaspischen Meeres ausgefüllt war. Ein zweites, kleineres Becken nördlich der Tienschan-Gebirgskette umschließt die dsungarische Wüste, eine öde, ausgedörrte Landschaft mit Erhebungen von 700–2400 m Höhe, sandigen Böden und zahlreichen Dünen.

Die große Wüste Gobi liegt im Nordosten der Takla-Makan, teils in China und teils in der südlichen Mongolei, und ist geprägt von kleineren Gebirgszügen und dazwischenliegenden Tälern. Der Untergrund besteht weitgehend aus kleinen Steinen, die »Gobi« genannt werden – das asiatische Gegenstück zum afrikanischen »Reg« und zum australischen »Gibber«. Die Wüste Gobi bedeckt ein Land von anderthalb Millionen Quadratkilometern, die ein Kenner einmal beschrieben hat als »ein gluthheißes, ausgedörrtes Dünenmeer, durchsetzt mit weiten, monotonen Geröllwellen und durchzogen von vereinzelten Gebirgsketten, deren Vorberge sich wie niedrige Steinhügel ausnehmen«.

Von der Ordos-Hochebene am östlichen Ende der Gobi bis zum Kaspischen Meer erstreckt sich eine riesige zusammenhängende Wüstenregion, die gelegentlich von mächtigen Gebirgszügen unterbrochen wird. Diese Landschaft, windgepeitscht und bitterkalt im Winter, heiß und trocken im Sommer, ist seit prähistorischen Zeiten die Heimat von Nomadenstämmen, die mit ihren Schafen und Ziegen umherziehen und wilde Tiere jagen. Die Vorfahren der Tataren im nördlichen Turkestan waren vermutlich die ersten, die das Przewalski-Wildpferd *(Equus caballus przewalskii)* einfingen und domestizierten. Sie gelten auch als die Erfinder des Sattels und der Reithose. Bis auf den heutigen Tag jagen die Mongolen Füchse mit Windhunden und Adlern, und im Herbst veranstalten sie große Gazellenjagden.

Diese lange Geschichte menschlicher Übergriffe hat ihre Spuren in der Wildtierfauna und in den Lebensräumen hinterlassen. Die großen Herden der Wildesel, Wildpferde, Gazellen, Saiga-Antilopen *(Saiga tatarica)* und Kamele sind untergegangen oder haben sich in stark dezimierter Form nur noch in Rückzugsgebieten erhalten.

Nomadische Lebensweise

Die meisten großen Huftiere der asiatischen Wüstenregionen führen ein Nomadenleben. Wenn der Regen in einem größeren Gebiet eine besonders reiche Vegetation wachsen läßt, sind diese Tiere die meiste Zeit des Jahres standorttreu. Doch in Zeiten, in denen der Regen nur spärlich und in weit auseinanderliegenden Gebieten fällt, legen sie im Laufe eines Jahres mehrere hundert Kilometer zurück. Sie bleiben nur so lange an einem Standort, wie dort Nahrung zur Verfügung steht. Der Kulan *(Equus hemionus hemionus),* die turkestanische Unterart des Wild- oder Halbesels, war einstmals so zahlreich, daß er überall in der Karakum- und Kysylkum-Wüste vorkam, doch heute sind die Bestände reduziert zu einer einzigen Herde von mehreren hundert Tieren, die sich gewöhnlich im Badchys-Reservat im südlichen Turkmenien aufhält. Der Kulan sieht fast so aus wie ein Hausesel, und sein Iahen gleicht dem des verwilderten Hausesels der nordamerikanischen Wüste. Man nimmt an, daß die Assyrer den Halbesel ihres Gebiets, den Onager *(Equus hemionus onager),* noch vor dem Pferd zähmten und ihre Streitwagen von Eseln ziehen ließen.

Wie seine verwilderten Eselvettern kommt der Kulan mit gröberer Pflanzennahrung aus als die meisten Huftiere; diese Eigenschaft befähigt auch die verwilderten Hausesel zu einem vergleichsweise seßhaften Leben in den Wüstenregionen der Neuen Welt. Die Kulane von Badchys lebten jedoch wahrscheinlich stark nomadisch, als ihre Herden noch über die gesamte turkestanische Wüste zerstreut waren, und sie ziehen auf der Suche nach Wasser und wohl auch nach besonders guten Weideplätzen noch immer Jahr für Jahr außerhalb des Reservats umher. Wie die meisten freilebenden Tiere sind sie hinsichtlich des Futters wählerischer als Haustiere. In der Fortpflanzungszeit werden die Kulanhengste ungewöhnlich aggressiv; sie beißen um sich und schlagen wütend mit ihren Hinterbeinen aus. Ein siegreicher Hengst beansprucht einen Stutenharem für sich und zeugt die meisten Nachkommen.

Das Trampeltier oder Wildkamel *(Camelus bactrianus),* ein weiterer Wüstenbewohner, der sich mit sehr schwer verdaulicher Nahrung begnügt – unter anderem angeblich mit Leder, Wolldecken oder Knochen –, unternimmt gleichfalls weite Wanderungen. Während sein nächster Verwandter, das einhöckerige Dromedar *(C. dromedarius),* inzwischen vollständig domestiziert ist, schweift ein kleiner Restbestand des Wildkamels noch immer frei in den Wüsten Nordasiens umher. Das Hauskamel ist stämmiger und schwerer und hat kürzere und kräftigere Läufe und ein längeres, dichteres Haarkleid als das Dromedar. Mit etwa 17 Jahren ist es voll ausgewachsen und erreicht ein Alter von 30 bis 40 Jahren.

Viele Wüstenvögel leben ebenfalls nomadisch. Die Schwarzkopftrappe *(Choriotis nigriceps)* der Thar-Wüste, eine nahe Verwandte der Australischen Trappe *(Ch. australis),* ist besonders wanderfreudig. Dieser 18 kg schwere und fast einen Meter hohe Vogel ähnelt einem jungen Strauß, hat jedoch einen braunen Rücken, einen weißen Nakken und Bauch und einen schwarzen Oberkopf. Er brütet erst im Sommer während des Monsunregens; dann zieht er in Gegenden, die genügend Feuchtigkeit abbekommen haben. Dort schart der Hahn drei bis fünf Hennen um sich, die er umherstolzierend mit aufgeplustertem Gefieder und hängenden Flügeln anbalzt, während er gleichzeitig seinen sonoren, klagenden Ruf erschallen läßt, der sehr weit zu hören ist. Die Hennen legen jeweils nur ein oder zwei Eier.

Wie die afrikanischen sind auch die asiatischen Wüsten von mehreren Flughuhnarten bewohnt. Das Kaiserflughuhn *(Pterocles imperialis)* der turkestanischen Wüste und das gelbbraune Flughuhn *(P. exustus)*

Oben: Vor dem Hintergrund des Altai-Gebirges zieht eine Wildkamelherde (Camelus bactrianus) durch die mongolische Wüste Gobi. Diese Art ist zwar – wie das einhöckerige Dromedar (C. dromedarius) – unter dem Namen Trampeltier weitgehend domestiziert worden, aber ungefähr tausend freilebende Tiere haben in China und in der Mongolei überdauert. In beiden Ländern sind sie streng geschützt. Die Höcker sind Fettspeicher, die bei reichlichem Nahrungsangebot anschwellen und in Zeiten des Nahrungsmangels zusammenschrumpfen.

Links: Der asiatische Wildesel (Hemionus hemionus), der früher in vielen Teilen Asiens häufig war, ist bis auf kleine Herden in Rückzugsgebieten im westlichen Indien und im Badchys-Reservat der Turkmenischen Sowjetrepublik ausgestorben.

Folgende Seite: Kurz vor der Jahrhundertwende standen die Saiga-Antilopen (Saiga tatarica) der turkestanischen Wüste am Rande des Untergangs. Doch dank den strengen sowjetischen Schutzmaßnahmen beläuft sich die Zahl der Saigas heute wieder auf mehrere Millionen. Etwa 300 000 Tiere werden alljährlich abgeschossen, die Fleisch, Häute und verschiedene Grundstoffe für die pharmazeutische Industrie liefern.

der Thar-Wüste sind an ihre Umwelt hervorragend angepaßt. Wie ihre afrikanischen Vettern ernähren sie sich fast ausschließlich von allerlei Pflanzensamen und legen von einem Jahr zum anderen beträchtliche Entfernungen zurück. Sie lassen sich dort nieder, wo Regen gefallen ist und ihnen die Vegetation eine reiche Samenernte garantiert.

Das spektakulärste Schauspiel einer Massenwanderung, die durch Regenfälle in der Wüste ausgelöst wird, bieten die Wanderheuschrecken *(Schistocerca gregaria),* eine Art, die von Nordafrika über Vorderasien bis zur Thar-Wüste verbreitet ist. Dieses Insekt kann sein Aussehen und Verhalten innerhalb seines Lebenszyklus so vollkommen verändern, daß man die beiden Formen lange Zeit für zwei verschiedene Arten gehalten hat. In der Trockenzeit ist die Heuschrecke ein träges und einzeln lebendes Geschöpf, dessen Färbung auf die helle Wüstenlandschaft abgestimmt ist. Die Tiere pflanzen sich alljährlich fort, indem sie ihre Eier über dem Boden verteilen. Bei Dürre finden die ausschlüpfenden Larven nur wenig Nahrung, so daß nur eine kleine Zahl überlebt; wenn es jedoch regnet, ist das Nahrungsangebot groß, und viele Larven bleiben am Leben. Wenn dann die Trockenperiode wieder einsetzt und die Vegetation zurückgeht, werden die nunmehr sehr zahlreichen Heuschrecken auf kleinen »Inseln« mit rasch abnehmender Pflanzenkost zusammengedrängt. Diese beengten Verhältnisse wirken wie ein Stimulans auf die Tiere: Sie werden munterer und immer unruhiger und nehmen die dunklere, auffälligere Färbung an, die für das gesellige Stadium charakteristisch ist.

Es bilden sich schließlich Schwärme aus Millionen von Tieren, deren Erregung einen solchen Grad erreicht, daß sie sich in die Luft erheben, sobald ein Tiefdruckgebiet über das Land hinwegzieht. Emporgetragen von den aufsteigenden, gegen den Uhrzeigersinn wehenden Winden, bewegen sich die Heuschrecken längs einer Sturmfront nach Osten. Da Tiefdruckzonen Regen mit sich bringen, nutzen die Tiere instinktiv eine Wetterlage, die ihnen höchstwahrscheinlich irgendwann, wenn sie sich wieder niederlassen, Feuchtigkeit, Pflanzenwuchs und Nahrung bescheren wird. Auf diese Weise breiten sie sich aus, und zumindest einige Individuen können überleben und sich vermehren. Die Zerstörungssucht der Wanderheuschreckenschwärme ist bekannt: Bevor ihre Zahl zurückgeht und sie ihr solitäres Leben wiederaufnehmen, vernichten sie alles, was sie auf ihrer Wanderschaft vorfinden; Felder, Weiden und Bäume werden völlig kahlgefressen.

Viele Tiere, die in höheren Breiten Kältewüsten mit strengen Wintern bewohnen, ziehen nicht nur nomadisch in Gegenden, wo jeweils Regen gefallen ist, sondern wandern auch jahreszeitlich bedingt in mildere südlichere Klimazonen. Die Saiga-Antilopen leben im Sommer in den halbwüstenartigen Steppen der Sowjetunion, wandern jeden Herbst in großen Massen in den nördlichen Teil der turkestanischen Wüste und ziehen im Frühjahr wieder nach Norden. Diese eigenartigen Tiere mit ihrer mächtigen, unten abgestutzten Ramsnase und den großen, dicht beieinanderstehenden Nasenöffnungen benutzen allerdings nicht jedes Jahr genau dieselben Wanderwege. In einem Dürrejahr ziehen sie oft weiter nach Norden in die weniger ariden Ebenen, und in einem Jahr mit extrem hartem Winterwetter suchen sie die weiter südlich gelegenen Wüstenregionen auf.

Bevor die Wildpferde in Zentralasien ausstarben, haben sie wahrscheinlich ähnliche Wanderzüge unternommen. Es waren Steppentiere, die innerhalb der einzelnen Jahreszeiten nomadisch umherzogen. Vermutlich wanderten sie ebenfalls im Winter südwärts in die Wüstengebiete, wo weniger Schnee fiel und die Nahrungsbeschaffung leichter war.

Wie gut ein Tier einen strengen Winter zu überstehen vermag, hängt auch von seiner Körpergröße ab. Große Huftiere werden durch eine

Oben: Der Gefleckte Krötenkopf
(Phrynocephalus maculatus) ist eine
mittelgroße Echse der zentralasiatischen
Wüstenregion. Das bodenlebende
tagaktive Tier ernährt sich von Insekten.

Links: Der Indische Dornschwanz
(Uromastyx hardwickii) unterscheidet
sich von den allermeisten Echsen
dadurch, daß er vorwiegend vegetarisch
lebt.

Die zu den Springmäusen gehörenden Pferdespringer (Alactaga), oben, sind nachtaktive Einzelgänger. Wie bei so vielen Wüstentieren dienen auch bei ihnen die langen Ohren der Wärmeabstrahlung.

wenige Zentimeter dicke Schneedecke weder bei der Fortbewegung noch bei der Futtersuche behindert, und sie ertragen auch Temperaturen unter dem Gefrierpunkt, wohingegen kleinere Tiere unter solchen Lebensbedingungen ernstlich zu leiden haben.

Im Winter wandern viele Vögel der Kältewüsten nach Süden in die indische Thar-Wüste ab, so zum Beispiel die Wachtel *(Coturnix coturnix),* das Kaiserflughuhn, die Kragentrappe, die Lerchen *Calandrella cinerea* und *C. acutirostris* sowie der Wüstensteinschmätzer *(Oenanthe deserti).* Aus noch nicht geklärten Gründen ziehen andere Vogelarten, so das Gefleckte Flughuhn *(Pterocles senegallus)* und der Gewöhnliche Wüstenläufer *(Cursorius cursor),* von Afrika aus ostwärts zur Thar-Wüste. Alle diese Zugvögel bereichern die Vogelfauna der winterlichen Thar-Wüste.

Die Unbilden des Winters nehmen nicht nur mit der geographischen Breite, sondern auch mit der Höhenlage zu. Viele Bewohner der Wüstengebirge wechseln im Laufe des Jahres zwischen den einzelnen Höhenstufen. Das Argali *(Ovis ammon ammon),* ein Wildschaf des mittelasiatischen Hochgebirges, verbringt den Sommer in der angenehmen Kühle der höheren Lagen, bewegt sich im Herbst hangabwärts, hält sich während des Winters auf den Vorbergen oder in den Wüstensenken auf und steigt im Frühling wieder bergauf. Die Trampeltiere der Wüste Gobi können sich im Sommer bis zu 3600 m hoch im Altai-Gebirge aufhalten, leben jedoch im Winter in der Ebene.

Vorräte für schlechte Zeiten

Kleine Tiere, die zwecks Nahrungssuche keine großen Entfernungen zurücklegen können, überbrücken Notzeiten vielfach dadurch, daß sie Vorräte sammeln und einlagern, wenn das Nahrungsangebot reich ist. Die Mongolische Wüstenrennmaus *(Meriones meridianus),* ein kleiner Nager der Wüste Gobi, sammelt in regenreichen Jahren Samenkörner, die sie in ihren Backentaschen in die Kammern ihres unterirdischen Baus trägt. Von diesen Vorräten, die manchmal mehrere Kilogramm wiegen, kann das Tierchen dann in den Dürreperioden zehren.

Auch die samenfressenden Wüstenameisen horten Nahrung. Ameisenkolonien bestehen aus mehreren Kasten. Die Königinnen, meist nur eine, zuweilen auch einige wenige, legen die Eier, die den Fortbestand sichern; die Männchen, die zweite Kaste, haben die Aufgabe, dafür zu sorgen, daß die Königinnen ständig Eier produzieren. Eine dritte Kaste umfaßt die Arbeitsameisen und ist häufig noch einmal unterteilt in zwei Gruppen, die für die Fütterung der Nachkommen beziehungsweise die Nahrungsbeschaffung zuständig sind. Die Nahrungsbeschaffer bilden die größte Abteilung der Kolonie und zählen in der Regel nach Tausenden. Täglich suchen sie in einem Umkreis von zehn bis zwanzig Metern rings um den Ameisenhügel nach Sämereien, die sie heimbringen und einlagern. Mit der Zeit kann der Vorrat einer Kolonie auf ein Kilogramm oder mehr anwachsen.

Ein Vogel mit ungewöhnlicher Vorratshaltung ist der Raubwürger *(Lanius excubitor),* ein Vertreter der Sperlingsvögel, der ungefähr so groß wird wie unsere heimische Amsel. Der kräftige Schnabel, der an der Spitze leicht hakenförmig nach unten gebogen ist, zeigt an, daß sich der Vogel vor allem von Insekten, kleinen Eidechsen und gelegentlich auch von Mäusen ernährt. Wenn er seine Beute gefangen hat, tötet er sie und lagert sie ein, indem er sie auf die Dornen eines Strauches oder Baumes aufspießt. In Gegenden, die von Würgern bewohnt sind, findet man Käfer, Heuschrecken und andere Kleintiere nicht nur auf Dornen aufgespießt, sondern auch auf Stacheldrahtzäunen.

Eine andere Möglichkeit der Nahrungsspeicherung ist die Anlage eines Fettvorrats in Zeiten des Überflusses. Die beiden Höcker des Trampeltiers sind solche Fettspeicher, die in guten Zeiten jeweils zehn oder fünfzehn Kilogramm wiegen können. Doch wenn Nahrungsmangel herrscht, verschwinden diese kegelförmigen Auswüchse allmählich, bis am Ende nur noch ein leicht hochgewölbter Rücken übrigbleibt.

Eine weitere Methode, sich in Dürreperioden oder im Winter vor dem Verhungern zu schützen, besteht in der Drosselung des Tempos, mit dem der Körper Energie verbraucht. Sowohl in kalten als auch in warmen Wüstengebieten verfallen manche Nagetiere während der heißen sommerlichen Dürrezeit in eine Starre. In den Kältewüsten halten sie außerdem einen Winterschlaf. Ein Tier in Wärmestarre oder im Winterschlaf senkt seine Körpertemperatur und verlangsamt seinen Stoffwechsel so weit, daß es gerade noch am Leben bleibt. Es zehrt dann sein Körperfett so langsam auf, daß es monatelang in diesem Zustand verharren kann, ohne Nahrung aufzunehmen.

Zu den winterschlafenden Nagetieren der Wüste gehört der Großohrigel *(Hemiechinus = Erinaceus megalotis)*. Dieses seltsame, 15 bis 18 cm lange Tierchen ist ein Insektenfresser, der den Maulwürfen und Spitzmäusen nahesteht. Mit der spitzen Schnauze, den kurzen Beinchen und dem rundlichen Leib sieht er aus wie ein Spielzeugtier. Doch bei genauerem Hinsehen erkennt man, daß dieses reizende Geschöpf dicht mit steifen, scharfen Stacheln besetzt ist, die denen der Stachelschweine oder der australischen Schnabeligel gleichen. Wenn sich das Tier bedroht fühlt, rollt es sich zu einer Kugel zusammen und bleibt ganz still liegen. Wird es angefaßt oder in die Hand genommen, streckt es sich mit einem jähen Ruck und treibt dem Neugierigen seine Stacheln in die Haut.

Sämtliche Reptilien der kalten Wüsten halten einen Winterschlaf. Sie graben sich dazu in den Boden ein oder suchen Schutz unter Steinen oder umgestürzten Baumstämmen. Mit dem Absinken der Umgebungstemperaturen nimmt auch ihre Körpertemperatur ab, und ihr Energieverbrauch geht auf ein Minimum zurück.

Ausschaltung des Wettbewerbs

Wüstentieren ist noch eine weitere Eigenart von Nutzen, die sie vor dem Hungertod bewahrt: die Ausschaltung des Wettbewerbs *zwischen* den Arten, die gemeinsam ein bestimmtes Areal bewohnen. Zwei Arten mit gleichen Nahrungsansprüchen können zusammen leben, solange die Individuenzahl so niedrig bleibt, daß das Nahrungsangebot nicht erschöpft wird. Wenn die Zahl zu sehr ansteigt, kann die Auslöschung einer oder beider Arten die Folge sein – eine Gefahr, die in der Wüste durchaus gegeben ist.

Zwei verwandte Arten kommen jedoch einander nicht ins Gehege, falls sie sich so stark differenziert haben, daß sie sich auch in ihren Lebensansprüchen unterscheiden. Ein Überblick über die gesamte Tier- oder Pflanzenwelt zeigt, daß keine zwei Arten in ihren Lebensgewohnheiten und in ihrer Ernährungsweise genau übereinstimmen oder dieselbe »ökologische Nische« besetzen. Dies ist offensichtlich das Resultat einer evolutionären Entwicklung, die auf eine Vermeidung des zwischenartlichen Wettbewerbs abzielt.

Diesen Vorgang kann man bei den Tieren der zentralasiatischen Wüsten sehr gut beobachten. Von den großen Huftieren der Karakum-Wüste besiedeln die Kamele im allgemeinen das Flachland und begnügen sich mit derber, nährstoffarmer Kost. Ein anderer Bewohner der Niederungen ist die sehr viel wählerischere Kropfgazelle *(Gazella sub-*

gutturosa); sie beknabbert im Frühling und Frühsommer die zarten einjährigen Pflanzen und äst im Herbst und Winter die jungen Triebe bestimmter Straucharten ab. Die Wildesel oder Kulane leben hauptsächlich von Gras, verwerten aber auch andere geringwertige Pflanzenkost. Das Argali, das asiatische Gegenstück zum Mähnenschaf der Sahara, lebt in den Bergen und sondert sich dadurch von den anderen Tierarten ab. Und die Saiga-Antilope hält sich von etwaigen Rivalen fern, indem sie während der warmen Jahreszeit in der Steppe lebt und nur im Winter in die nördliche Randzone der Wüste vordringt.

Die räuberischen Arten haben sich auf unterschiedliche Beutetiere spezialisiert. Der Rotfuchs *(Vulpes vulpes)* ernährt sich vorwiegend von Nagern, während der Schakal Hasen *(Lepus tolai)* bevorzugt. Der Wolf *(Canis lupus)*, der über die gesamten nördlichen Wüstenregionen Asiens verbreitet ist, stellt fast ausschließlich größeren Huftieren nach, vor allem Gazellen. Wölfe schließen sich zu Rudeln von 10 bis 25 Tieren zusammen, die bei der Jagd auf große Beutetiere wie Kamele und Kulane zusammenarbeiten. Innerhalb eines Rudels bildet sich eine Rangordnung aus, an deren Spitze ein dominantes Paar steht, das sogenannte Alpha-Männchen und -Weibchen. Das Fortpflanzungsgeschehen in einem Rudel wird von diesen Alpha-Tieren bestimmt. Über mehrere Jahre hinweg sind sie oft die einzigen Individuen, die Nachkommen hervorbringen; in manchen Jahren bleibt hingegen der Nachwuchs völlig aus. Dieses Verhalten dient vermutlich dem Zweck, ein zu starkes Wachsen der Population und die Erschöpfung der zur Verfügung stehenden Nahrung zu verhindern.

Die Greifvögel schlagen nicht nur andere Beute als die Beutegreifer, sondern heben sich auch durch die Form des Nahrungserwerbs von diesen ab. Der Uhu *(Bubo bubo)*, ein großer, kraftvoller Eulenvogel, lebt von größeren Beutetieren wie Hasen, Trappen und Flughühnern und geht meist nur in der Nacht und in der Morgen- und Abenddämmerung auf die Jagd. Der Mäusebussard *(Buteo buteo)* ist dagegen tagsüber aktiv; er nimmt mit Kleintieren wie Käfern, Nagern und kleinen Vögeln vorlieb und schreckt auch nicht vor Aas zurück. Der Schlangenadler *(Circaëtus ferox)* hat es hauptsächlich auf Reptilien und Amphibien abgesehen, auf Frösche, Eidechsen und kleine Schlangen. Und der Mönchs- oder Kuttengeier *(Aegypius monachus)* ernährt sich von verendeten Tieren oder von den Überresten der Raubtiermahlzeiten.

Auch bei den 23 Echsenarten, die in der Thar-Wüste heimisch sind, ist die Differenzierung der Lebensansprüche deutlich zu erkennen. Sie unterscheiden sich voneinander durch ihre Ernährung und durch die von ihnen bewohnten Biotope und sind zu verschiedenen Tageszeiten aktiv. Drei Arten zum Beispiel, der Indische Sandskink *(Ophiomorus tridactylus)*, der große Wüstenwaran *(Varanus griseus)* und der stumpfköpfige Indische Dornschwanz *(Uromastyx hardwickii)*, bevorzugen einen sandigen Lebensraum, haben aber ganz verschiedene Ernährungsgewohnheiten. Der Sandskink lebt ausschließlich von Insekten, der Waran stellt anderen Echsen nach und verspeist sogar Artgenossen, ferner kleine Nagetiere und gelegentlich Vögel, und der Dornschwanz ist Vegetarier.

Eine andere Gruppe ist vorwiegend in Felsbiotopen zu Hause, doch auch hier unterscheiden sich die einzelnen Mitglieder dieser Lebensgemeinschaft durch die jeweils bevorzugte Nahrung. Der Leopardgecko *(Eublepharis macularis)* beispielsweise erbeutet Insekten und zuweilen kleine Eidechsen. Der wehrhafte Bengalenwaran *(Varanus bengalensis)* ist ein gefräßiger Räuber, der Nagetiere von der Größe eines Palmhörnchens *(Funambulus pennanti)*, Schlangen und andere Echsen überwältigen kann.

107 of page 107

Die Tiere in den
kalten Wüsten der Neuen Welt

Das dumpfe Geräusch aufeinanderkrachender Hörner, wenn zwei Dickhornwidder im Frühherbst ihren Rivalenkampf austragen; der flötende Gesang eines Wiesenstärlingmännchens im Frühling; die lauten Brummtöne des Wermuthahns, der die Luftsäcke an seiner Brust gewaltig aufbläst – solche Lautäußerungen gehören zum Fortpflanzungsverhalten der Tiere, die in den kalten Wüstenregionen Nordamerikas beheimatet sind.

Aggressives Verhalten, das sich auf solche Weise ausdrückt, ist ein durchgängiges Merkmal aller sozialen Organisationsformen. Körperliche Auseinandersetzungen, wie bei den Dickhornschafen, oder ritualisierte Kämpfe, wie bei den Wermuthühnern, wobei es mehr auf abschreckende Posen als auf unmittelbare »Feindberührung« ankommt, sowie alle möglichen Formen des Androhens oder Bluffens sind kennzeichnend für viele Tierarten. Die biologische Aufgabe dieser komplexen Verhaltensweisen ist zwar noch nicht restlos erforscht, scheint aber über das bloße Paarungsgeschehen hinauszuweisen.

Bei manchen Arten hat das Territorium oder Revier, also ein Stück Land, das ausreichend Nahrung bietet und von einem dominanten Männchen besetzt und verteidigt wird, eindeutig die Aufgabe, das Populationswachstum zu beschränken. In einem begrenzten Gebiet hat nur eine bestimmte Zahl von Territorien Platz. Wenn durch Vermehrung oder Zuwanderung ein Bestand so groß wird, daß die vorhandene Nahrung nicht mehr ausreicht, werden die überzähligen Individuen an den Rand abgedrängt, wo sie heimatlos bleiben und sich nicht fortpflanzen können.

Das Territorialverhalten kommt im gesamten Tierreich und in allen Biotoptypen vor. Die Behauptung eines Territoriums ist Bestandteil eines umfassenderen Verhaltensrepertoires, das es den Tieren ermöglicht, auch in einer so unwirtlichen Umwelt wie den kalten Wüsten der Neuen Welt zu überleben.

Die kalten Wüsten Nord- und Südamerikas

Die nordamerikanische Kältewüste ist das neuweltliche Pendant zur turkestanischen, Takla-Makan- und Gobi-Wüste der Alten Welt. Sie erstreckt sich von der Grenze zwischen Kanada und den USA im Norden bis etwa 37° nördlicher Breite nach Süden und von der Sierra Nevada und dem Kaskadengebirge im Westen bis zu den Rocky Mountains im Osten. Die als »Great Basin«, »Großes Becken«, bezeichnete Region umfaßt ungefähr 400 000 km².

In diesen Breiten und in Höhenlagen zwischen 1200 und 2000 m herrscht ein ebenso strenges Klima wie in den Wüsten Nordasiens. Das Große Becken ist trocken, weil es im Regenschatten der Gebirgszüge im Westen liegt, so wie auch die nordasiatischen Wüsten entwe-

Verdorrte Gedrängtblättrige Melden (Atriplex confertifolia) überziehen die Senken und Erhebungen der Wüstenlandschaft im nordamerikanischen Großen Becken. Diese Melde ist eine der zahlreichen Arten aus der Familie der Gänsefußgewächse, die einen auffälligen Anteil an der Vegetation der kalten Wüsten sowohl in Nordamerika als auch in Asien haben.

der im Regenschatten oder einfach so weit landeinwärts liegen, daß ihnen die vorherrschenden Westwinde keinerlei Feuchtigkeit mehr zuführen. Die amerikanischen Wüsten sind allerdings nicht ganz so trocken wie die asiatischen; die Niederschläge, die hauptsächlich vom Herbst bis zum Frühling fallen, erreichen hier 15 bis 30 cm im Jahr.

Die Landschaft des Großen Beckens ist geprägt von Hochtälern und malerischen Gebirgsgruppen. Die Vegetation ist strauchartig, wenig abwechslungsreich und nicht so reizvoll wie in manchen anderen Wüstenregionen. Im Norden herrscht der graugrüne Dreizähnige Beifuß *(Artemisia tridentata)* vor, und im Süden ist die Gedrängtblättrige Melde *(Atriplex confertifolia)* das häufigste Gewächs der niedrigeren und spärlicheren Salzwüstenvegetation. Von Europäern ist diese Region erst seit gut einem Jahrhundert besiedelt. Obwohl hier Schafe und Rinder weiden und in manchen Gegenden Weizen und andere künstlich bewässerte Feldfrüchte gedeihen, sind die Eingriffe des Menschen nicht so spürbar wie in den altweltlichen Wüsten.

Das am weitesten verbreitete Huftier ist der Gabelbock oder die Pronghornantilope *(Antilocapra americana)*, in ökologischer Hinsicht das Gegenstück zur asiatischen Saiga-Antilope. Dem gebirgsbewoh-

Zwei Dickhornwidder (Ovis canadensis), oben, tragen bei Sonnenaufgang einen Rivalenkampf aus, der ein Bestandteil ihres Fortpflanzungsverhaltens ist. Der Sieger wird die Herrschaft über die Herde übernehmen, zu der sich die Tiere im Herbst zusammenschließen, und sich mit den meisten Weibchen paaren.

Links: Die wüstenbewohnende Unterart des Dickhornschafes unterscheidet sich von der weiter nördlich lebenden Rocky-Mountains-Unterart durch seine breiteren und schlankeren Hörner, die sich spiralig vom Kopf wegdrehen. Das Foto zeigt einen jungen Widder, der wahrscheinlich nicht älter als fünf bis sechs Jahre ist.

nenden Dickhornschaf *(Ovis canadensis)* entspricht in Asien das nahverwandte Argali.

Das südamerikanische Pendant zum Großen Becken stellt die Patagonische Wüste dar, die sich im wesentlichen zwischen dem 40. und 50. südlichen Breitengrad ausdehnt. Infolge ihrer Lage östlich der Anden ist sie ebenfalls eine Regenschattenwüste im Bereich der südlichen Westwinde. Sie erstreckt sich weiter südlich als das afrikanische Kap der Guten Hoffnung und hat deshalb in Afrika keine Entsprechung. Die mehr als 400 000 km² große patagonische Wüste ist eine weite, aride Hochebene, die von zahlreichen Cañons mit steilen Felshängen in ostwestlicher Richtung durchschnitten wird. Manche dieser Cañons sind von Flüssen durchzogen, die ständig Wasser führen.

Über Patagonien fegen häufig kalte Winde *»los pamperos«* hinweg, und der südliche Teil der Wüstenlandschaft ist fast ständig in Wolken und Nebel gehüllt. Die jährliche Niederschlagsmenge, die meist im südlichen Winter fällt, beträgt in manchen Gegenden nur 10 bis 12,5 cm. Die Region wird vorwiegend als Weideland für Schafe genutzt.

Das häufigste freilebende Weidetier ist der Guanako *(Lama guanicoë)*, ein Kamelverwandter und der Vorfahr des domestizierten Lamas *(Lama glama)*. Der Nandu *(Rhea americana)* steht den afrikanischen Straußen nahe, wird aber nur etwa halb so groß. Der Puma *(Puma concolor)* kommt in ganz Patagonien vor; sein wichtigstes Beutetier ist der Guanako.

Die Atacama-Sechura

Die Atacama-Sechura-Wüste, eine der ödesten Regionen der Erde, ist ein 3000 km langer Landstreifen, der sich an einem Drittel der chilenischen Küste und an der gesamten Küste von Péru hinzieht. Sie dehnt sich zwischen dem 32. und 4. Grad südlicher Breite aus und ist das südamerikanische Gegenstück zur afrikanischen Namib-Wüste, denn sie verdankt ihre Entstehung genau der gleichen Kombination geologischer Erscheinungen. Die subtropische Hochdruckzone ist die Hauptursache für die Trockenheit des südlichen Teils, während der Norden, der westlich der Anden verläuft, im Regenschatten liegt. Die durch diese beiden Faktoren bewirkte Dürre wird noch erheblich verstärkt durch die kalten auflandigen Winde, die über den eisigen Humboldtstrom hinwegwehen. Dieser Strom fließt, aus der Antarktis kommend, an der südamerikanischen Westküste entlang nach Norden, so wie der Benguelastrom in nördlicher Richtung die Westküste Afrikas streift.

Wie in der Namib ist das Resultat ein extrem trockenes Klima; hinzu kommen anhaltende Nebel- und Wolkenperioden, mäßige Temperaturen und eine für Wüstenverhältnisse hohe Luftfeuchtigkeit. Bestimmte Teile der Atacama-Sechura gehören zu den regenärmsten Gebieten der Erde. In der Küstenstadt Arica nahe der chilenisch-peruanischen Grenze soll die jährliche Niederschlagshöhe im Durchschnitt nur 1 mm betragen – ein Wert, der kaum noch meßbar ist. Die nordchilenische Stadt Iquique bekommt angeblich 3 mm ab, doch die relative Luftfeuchtigkeit schwankt dort ganzjährig zwischen 70 und 80 Prozent.

Die Andenkordillere markiert die Ostgrenze der Atacama-Sechura. Der vorgelagerte wüstenartige Küstenstreifen ist unterschiedlich breit; in Chile wird er teilweise in Nordsüdrichtung von Küstengebirgsketten durchzogen, welche die schmale, nur wenige hundert Meter breite Küste von den weiten inländischen Wüstentälern trennen, die einen Durchmesser von vielen Kilometern haben.

Der Gesamteindruck ist trostlos: Der Pflanzenwuchs ist spärlich oder fehlt vollständig, und die Tierwelt besteht nur aus allerlei Nagern, Füchsen, Eidechsen und Insekten, die hier ein kümmerliches Leben fristen.

Jeder für sich

Wie in allen Wüstengebieten ist auch in den kalten Wüsten der Neuen Welt das Nahrungsangebot bescheiden und unberechenbar, und wie in den asiatischen Kältewüsten sind die Winter streng, wodurch sich das Problem der Nahrungsbeschaffung noch verschärft. So wie ein hemmungsloser Nahrungswettbewerb zwischen den Individuen zweier Arten zum Untergang einer oder beider Arten führen kann, so könnte auch ein hemmungsloser Wettbewerb zwischen den Angehörigen einer einzigen Art große Schwierigkeiten heraufbeschwören. Dies wird durch unterschiedliche soziale Organisationsformen verhindert, wie auch die Aufteilung der vorhandenen Nahrungsquellen das friedliche Zusammenleben verschiedener Arten möglich macht.

Die langen Ohren des kleinen Kitfuchses (Vulpes macrotis), oben, sind ein weiteres Beispiel für die Evolution von wärmeabstrahlenden Organen. Dieser zierliche, scheue Bewohner der nordamerikanischen Wüstengebiete hat eine vorwiegend nächtliche Lebensweise.

Die einfachste Methode, die zur Verfügung stehende Nahrung innerhalb einer Art aufzuteilen, ist die Errichtung von Territorien. Einzeltiere, in der Regel Männchen, sichern sich ein Areal, das sie gegen alle artgleichen Männchen verteidigen. Eine Geschlechtspartnerin wird durch das Territorium angelockt, dann findet die Paarung statt, und die Nachkommen erblicken innerhalb der Territorialgrenzen das Licht der Welt. Der Festlegung der Grenzen können oft tage- oder wochenlange Streitereien zwischen den beiden Nachbarn vorausgehen, doch sobald der Grenzverlauf feststeht, bleibt er genau fixiert und wird von beiden Streithähnen respektiert. Jeder Revierinhaber vertreibt eindringende Artgenossen unverzüglich aus seinem Reich.

Die Größe eines Territoriums ist im allgemeinen abhängig von der Größe des betreffenden Tiers. In den kalten nordamerikanischen Wüstenregionen verteidigen die Arbeiter einer Ernteameisenkolonie *(Pogonomyrmex occidentalis)* ein Gebiet von 500–1000 m² gegen Arbeiter einer anderen Kolonie. Die in derselben Wüste lebenden Taschenspringer *(Dipodomys microps)* sind Einzelgänger, die jeweils ein oder zwei Hektar große Areale besetzt halten. Sowohl die Ameisen als auch die Taschenspringer legen Vorräte an, und das Territorium erstreckt sich rings um den Bau, in dem diese Vorräte eingelagert sind.

Wenn Taschenspringer in Streit geraten, wenden sie einander das Gesicht zu und springen senkrecht in die Luft, während sie mit ihren kräftigen Hinterbeinen ausschlagen. Auf engem Raum verbeißen sie sich auch mit ihren scharfen meißelförmigen Nagezähnen. Sie sind untereinander so unverträglich, daß der Sieger von zwei Tieren, die in einem engen Käfig eingesperrt sind, aus dem es kein Entkommen gibt, den Unterlegenen umbringt. Männchen und Weibchen finden nur in der Paarungszeit zusammen.

Die Territoriumsgröße hängt auch vom jeweiligen Nahrungsangebot ab. Eine Untersuchung an nordamerikanischen Wüstenleguanen *(Dipsosaurus dorsalis)* hat ergeben, daß die Tiere in Gegenden mit geringem Insektenaufkommen größere Reviere beanspruchen. Auf diese Weise breiten sich die Leguanbestände weiter aus.

Beutegreifer besetzen und bejagen sehr viel größere Reviere als vegetarisch lebende Arten, da ein bestimmtes Areal stets mehr pflanzliche als tierische Nahrung zu bieten hat. Der Amerikanische Dachs *(Taxidea taxus)* durchstreift in der beifußbestandenen Wüste ein Gebiet von zwei bis vier Quadratkilometer. Dank seinen festen Krallen und muskulösen Schultern ist dieses zehn Kilogramm schwere Tier ein kräftiger Wühler, der sich bei der Verfolgung grabender Nagetiere blitz-

schnell durch den Boden hindurcharbeitet. Ein einziger Dachs kann in kürzester Zeit gewaltige Erdmassen bewegen.

Dachse sind Nachttiere, die in der Dunkelheit jagen und ihr Revier abpatrouillieren und den Tag in ihren unterirdischen Bauen verbringen. Jedes Territorium ist wabenförmig mit solchen Bauen überzogen; ein einziges Tier kann in seinem Herrschaftsbereich 500 bis 1000 Löcher ausheben. Der Dachs nächtigt nur selten zweimal hintereinander im selben Bau. In der Abenddämmerung kommt er hervor, wandert während der Nacht in der Wüste umher und verschwindet bei Morgenanbruch wieder unter der Erde in einem Bau, der bis zu zwei Kilometer von jenem entfernt sein kann, den er in der vorangegangenen Nacht benutzt hat. Neben den zahlreichen Bauen graben die Dachse gewöhnlich auch noch weniger tiefe Löcher, in denen sie Beutestücke verstecken und teilweise zudecken, die sie sich für später aufheben wollen.

Der beweglichere Kojote *(Canis latrans),* der in Aussehen, Größe und allgemeinem Verhalten den afrikanisch-asiatischen Schakalen sehr ähnelt, beansprucht ein Revier von 40 bis 60 km². Die Paarung findet im Januar statt, und im März kommen die Jungen zur Welt. Beide Elterntiere gehen gemeinsam auf die Jagd und versorgen ihren Nachwuchs in einem unterirdischen Bau, oft einem verlassenen und erweiterten Dachsbau. Im Spätsommer sind die Jungen so weit herangewachsen, daß sie mit den Alten zusammen jagen können. Die Familie streift des Nachts beutesuchend in ihrem Revier umher.

Allgemein bekannt ist das lautstarke bellende Geheul der Kojoten, die deshalb von den Indianern den Namen »Singhunde« erhielten. In den Herbstnächten stimmt eine Familiengruppe oft ein gemeinsames »Lied« an, das mehrere Kilometer weit zu hören ist. Zu Beginn des Winters überkommt Jung- und Alttiere der Fortpflanzungsdrang, und die Eltern werden immer aggressiver und unduldsamer gegenüber ihren Sprößlingen. Am Ende werden die Jungen aus dem elterlichen Territorium vertrieben; sie müssen sich verteilen auf der Suche nach einem Geschlechtspartner und nach einem noch unbesetzten Gebiet, in dem sie ihr eigenes Revier einrichten können. Manche Jungtiere entfernen sich dabei 50 oder 100 km weit von ihrem Geburtsort. Die Eltern bleiben zu Hause und richten sich auf einen neuen Wurf ein.

Der patagonische Puma durchstreift ein Areal, das 100 km² umfassen kann. Wie Dachs und Kojote geht er meist nachts auf die Jagd, und dabei legt er jeweils zwei bis zehn Kilometer zurück. Wenn er ein großes Beutetier gerissen hat, etwa einen Guanako, schlägt er sich den Magen voll und bedeckt den Rest der Beute mit Gras, Erde oder Laub, offensichtlich um ihn vor Füchsen und aasfressenden Vögeln zu verstecken. Nachdem sich der Puma mehrmals an den Überresten gütlich getan hat, nimmt er seine nächtlichen Streifzüge innerhalb seines Reviers wieder auf, bis er neue Beute findet, die er dann eine Zeitlang bewachen muß.

Der König der Berge

Die Erringung eines Herrschaftsanspruchs, entweder auf ein Territorium oder innerhalb einer sozialen Gruppe, setzt vielfach einen heftigen Kampf voraus. Doch enden bei den Tieren, im Unterschied zum Menschen, solche innerartlichen Aggressionshandlungen nur selten tödlich. Das siegreiche Tier ist in der Regel der größere, stärkere, ältere und hitzigere Partner in der Auseinandersetzung. Sobald der Stärkere die Oberhand gewinnt und der Schwächere sich geschlagen gibt, stellt der Sieger gewöhnlich seine Angriffe ein. Doch bevor es soweit ist, kommt es oft zu eindrucksvollen Kampfszenen.

Vorhergehende Seite: Der Kojote (Canis latrans), oben, ist das neuweltliche Gegenstück zu den afrikanisch-asiatischen Schakalen. Die Kojoten zählen zu den häufigsten und anpassungsfähigsten Raubtieren der nordamerikanischen Trockenräume. Unten: Ein Kojote beäugt eine zusammengerollte Klapperschlange (Crotalus), verhält sich aber instinktiv mißtrauisch und vorsichtig. Der Biß der Klapperschlange könnte sein Tod sein.

Folgende Seiten: Der Amerikanische Dachs (Taxidea taxus) ist ein Mitglied der sehr vielgestaltigen und anpassungsfähigen Marderfamilie. Das zehn Kilogramm schwere Tier ist kräftig gebaut und hat einen muskulösen, abgeflachten Rumpf und kurze Beine. Die Vorderpfoten tragen lange Krallen, mit deren Hilfe sich der Dachs bei der Verfolgung von Nagetieren schnell durch den Boden wühlen kann.

Die geräuschvollen Auseinandersetzungen zwischen zwei Dickhornschafen können Stunden oder gar Tage andauern. Die beiden Widder fassen einander ins Auge, stürmen dann mehrere Schritte aufeinander zu und richten sich auf die Hinterbeine auf. Unmittelbar vor dem Zusammenprall senken sie den Kopf, damit das Gehörn die Gewalt des Stoßes auffangen kann. Zeitlupenaufnahmen von zwei 150 kg schweren Tieren zeigen, daß nach einem Zusammenprall Schockwellen über den ganzen Körper der »Streithammel« laufen. Das Aufeinanderkrachen der Hörner ist mindestens einen Kilometer weit zu hören. Der Sieger schart eine Gruppe von Weibchen um sich, die im Herbst gedeckt werden und im Spätfrühling ihre Lämmer setzen. Bis dahin ist die Brünftigkeit der Widder längst abgeklungen; sie haben sich aus der Gesellschaft der weiblichen Tiere zurückgezogen und verbringen den Sommer zusammen mit anderen freien und unabhängigen »Junggesellen«, die aller Familienpflichten ledig sind. In dieser Zeit deutet nichts darauf hin, daß sich die Widder noch vor wenigen Monaten erbitterte Kämpfe geliefert haben.

Kämpfende Gabelböcke senken ebenfalls den Kopf, schieben ihr Gehörn ineinander und versuchen sich gegenseitig wegzustoßen, bis einer von beiden nachgibt. Wie bei anderen Huftieren wird auch dieser Streit nach den Regeln sportlicher Fairneß ausgetragen; keiner der beiden Duellanten nutzt eine Schwäche des anderen aus oder beginnt mit dem Stoßen, bevor die Hörner richtig verhakt sind. Es kommt nicht vor, daß der Gegner von hinten attackiert oder ihm ein scharfes Horn in die Seite gerammt wird, wenn er nicht auf den Angriff gefaßt ist.

Guanakokämpfe sind von lauten grellen Schreien begleitet, wenn die beiden Widersacher einander mit den Vorderläufen und mit Nackenbissen traktieren. Der Sieger gewinnt einen Harem, der aus hundert Weibchen bestehen kann.

Wenn ein Steinadler *(Aquila chrysaëtos),* der ebenfalls zu den Tieren mit Territorialverhalten gehört, in den Luftraum eines Artgenossen eindringt, entspinnt sich ein dramatischer Kampf. Der Revierinhaber packt den Eindringling in der Luft, Hunderte von Metern über dem Erdboden. Die beiden trudeln dann, mit den Fängen ineinander verkrallt, zur Erde nieder, wo sie ein paar Minuten lang liegenbleiben und einander grimmig anstarren. Schließlich trennen sie sich und fliegen auf, um den ganzen Vorgang eventuell noch einmal zu wiederholen.

Weniger aufregend verlaufen die Auseinandersetzungen zwischen den Nanduhähnen. Der siegreiche Hahn erobert sich eine Gruppe von fünf oder sechs Weibchen, die ihre insgesamt 20 bis 40 Eier in einem einzigen Gemeinschaftsnest ablegen. Der Vater brütet das Gelege aus und zieht auch die Küken auf.

In vielen Fällen beschränken sich die Rivalenkämpfe auf mehr oder weniger ritualisierte Verhaltensweisen. Die beiden männlichen Tiere stehen einander gegenüber, werfen sich in die Brust, geben einschüchternde Laute von sich und drohen einander an. Das kleinere und schwächere Tier unterwirft sich dem größeren und kampfstärkeren. Sobald die Rangordnung einmal festgelegt ist, weiß der Unterlegene, »wo sein Platz ist«. Wenn die beiden einander begegnen, gibt der Rangniedere automatisch dem Ranghöheren nach, der seine Vorrangstellung nur mit einem Blick oder einer leichten Kopfbewegung zu bekräftigen braucht.

Das wohl faszinierendste Frühlingsritual in der Wüstenlandschaft des Großen Beckens vollführen die Wermuthühner *(Centrocercus urophasianus).* Während eines Zeitraums von drei Monaten versammeln sich zwanzig oder mehr Hähne jeden Tag im Morgengrauen und in der Abenddämmerung auf einem gemeinsamen Balzplatz, den man als »Lek« bezeichnet. Jeder Hahn besetzt und verteidigt ein Territorium,

das einen Durchmesser von höchstens zehn bis fünfzehn Meter hat. Hier bieten die benachbarten Hähne jeden Morgen und Abend ihre ausgeklügelten Schaukämpfe dar. Jeder Hahn richtet seine spitzen grauen Schwanzfedern auf und spreizt sie fächerförmig ab, reckt den Kopf und Hals hoch, legt seine Schwingen vor die Brust und stolziert so gravitätisch umher. Er reibt mit seinen Flügeln schnell über die borstenartigen Federn, die seine leuchtend weiße Brust bedecken, so daß ein scharrendes Geräusch entsteht. Dann legt er den Kopf weit nach hinten und bläst die großen gelben Luftsäcke an der Brust auf. Mit einer jähen Vorwärtsbewegung des Kopfes entleert er die Säcke, aus denen die Luft mit einem quietschenden und rasselnden Laut entweicht. Der ranghöchste Hahn übernimmt das zentrale Territorium des Lek und zieht die meisten Hennen an, die sich einfinden, wenn die Balzzeit ihren Höhepunkt erreicht hat.

Sobald die Wermuthennen begattet sind, zerstreuen sie sich in der Wüste, um ihre Eier abzulegen und die Nachkommen aufzuziehen. Die Aktivitäten auf dem Lek lassen bei Sommeranfang nach; dann gehen auch die Hähne auseinander und genießen die Wärme und die reichlich vorhandene Nahrung. Am Ende des Winters oder zu Beginn des Frühlings kommen die Hähne wieder in Balzstimmung, und das Schauspiel auf den Leks beginnt von neuem.

Eine Welt voller Signale

Die Verteidigung eines Territoriums setzt voraus, daß seine Grenzen markiert werden und daß die Inhaber ihre Aggressionsbereitschaft zeigen. Jede Art verfügt über entsprechende Verhaltensweisen. Bei den Vögeln ist es meist der Gesang. Das Pfeifen des Lerchenstärlings *(Sturnella neglecta),* das helle Tirilieren der Ohrenlerche *(Eremophila alpestris),* der heisere Schrei des Rotschwanzbussards *(Buteo jamaicensis),* der hoch am Himmel seine Kreise zieht – alle diese Lautäußerungen dienen dazu, ein Territorium zu markieren und Eindringlinge abzuschrecken.

In bewaldeten Gebieten singen die gefiederten Revierinhaber meist vom Wipfel eines Baumes oder Strauchs oder von einem besonders auffälligen Zweig herab. Da er mit seinem Gesang den Besitz eines Territoriums verkündet *und* eine Partnerin anlockt, macht sich der Sänger so sichtbar wie möglich; er plustert sich auf und stellt seine bunten oder leuchtend gezeichneten Gefiederpartien zur Schau. In den meisten Wüstenregionen, wo die Vegetation spärlich ist und hochgelegene Singplätze rar sind, lassen die Vögel vieler Arten, zumal die Lerchen, ihren Gesang erschallen, während sie über ihrem Revier kreisen, schweben oder mit angelegten Schwingen abwärts fliegen.

Vögel reagieren sehr empfindlich auf den Gesang der Artgenossen ringsum; durch ihre Lautäußerungen bleiben sie miteinander in Kontakt. Ein revierbesitzender Lerchenstärlingshahn kennt den Standort aller anderen Hähne, die sich in Hörweite aufhalten, also in einem Umkreis von ein bis drei Kilometer. Er lebt buchstäblich in einer Welt des Gesangs, in Stimmfühlung mit Dutzenden von männlichen Artgenossen, die in seiner Umgebung beheimatet sind. Wenn ein Revierinhaber stirbt oder verschwindet, wird sein Platz sofort von einem anderen Männchen eingenommen.

Die regste Sangestätigkeit fällt in die frühen Morgen- und die späten Abendstunden; um die Mittagszeit flaut sie ab oder hört vollständig auf. Wenn der morgendliche Gesang im Großen Becken seinen Höhepunkt erreicht, läßt das Männchen der Karolinataube *(Zenaidura macroura)* seine aus fünf Tönen bestehende Balzstrophe alle zwanzig Sekunden erklingen. Es hält diesen Rhythmus noch ein oder zwei

Vorhergehende Seite: Der Guanako (Lama guanicoë) ist ein naher, wenngleich sehr viel kleinerer Verwandter der altweltlichen Kamele und in gewisser Weise ein ökologisches Äquivalent der nordamerikanischen Gabelböcke. Er ist der wildlebende Vorfahr des zum Haustier gewordenen Lamas (Lama glama). Die Guanakos sind die größten Weidetiere der patagonischen Wüste.

Stunden nach dem ersten blassen Frühlicht bei, dann verlangsamt sich der Gesang und hört gegen 10 Uhr vormittags ganz auf.

Zu Beginn der Balzzeit, wenn die Vogelmännchen ihr Territorium erstmals in Besitz nehmen und verteidigen und eine Partnerin auf sich aufmerksam machen wollen, singen sie sehr ausgiebig. Doch sobald der Brutvorgang etwas weiter fortgeschritten ist, verstummen sie meist, um keine Raubfeinde zum Nest zu locken. Während die Morgenstunden im Frühling vom Gesang der Vögel erfüllt sind, ist es im Spätsommer um diese Zeit meist still.

Säugetiere verständigen sich zwar bis zu einem gewissen Grade ebenfalls durch Lautäußerungen, aber sie verlassen sich vorwiegend auf ihren Geruchssinn, der bei den Gefiederten keine Rolle spielt. Die meisten Säugerarten haben irgendwo an ihrem Körper Duftdrüsen – am Kopf, im Nacken, auf dem Rücken, an den Beinen oder an der Schwanzwurzel. Diese Drüsen in Verbindung mit einem feinen Geruchssinn, der zehn- oder hundertmal empfindlicher ist als der des Menschen, versetzen die Tiere in eine Welt voller Duftsignale.

Die Moschusdrüse des Patagonischen Stinktiers oder Surilho *(Conepatus patagonicus)* ist eine extreme Entwicklungsform der Duftdrüsen, die bei anderen Vertretern der Marderfamilie am Ansatz des Schwanzes sitzt. Während das Stinktier die Drüse zur Abwehr von Feinden benutzt, verwenden die übrigen Marderartigen – und vielleicht auch die Stinktiere selbst – sie zur Markierung ihres Territoriums. Die Revierinhaber patrouillieren an den Grenzen ihres Reiches entlang und reiben den Körperteil, an dem die Drüsen sitzen, an Felsen, Bäumen, Büschen oder am kahlen Erdboden, um diesen Stellen ihren unverwechselbaren Duft mitzuteilen. Jedes Tier besitzt offensichtlich einen ganz bestimmten Geruch, an dem es von den im selben Gebiet wohnenden Artgenossen erkannt wird, so wie die Vögel ihre Artgenossen am Gesang erkennen.

Hundeartige Raubtiere wie der Patagonische Fuchs *(Dusicyon griseus)* oder der Kojote markieren ihr Territorium, indem sie auf Sträucher und Steine längs der Grenzen urinieren, nicht anders als unser Haushund, der auf die gleiche Weise Büsche und Bäume in seiner Umgebung kennzeichnet. Die Neigung der Hunde, sich auf Tierkadavern oder anderen übelriechenden Dingen zu wälzen, hat vermutlich den Zweck, einen fremden Geruch in ihrem Revier mit dem eigenen Körpergeruch zu überdecken.

Der Puma markiert sein Revier ebenfalls mit Urin und mit seinen Exkrementen, die er bisweilen mit Erde zudeckt. Erwachsene standorttreue Pumamännchen scheinen außerdem die seltsame Angewohnheit zu haben, ihr Revier mit kleinen Haufen aus Erde oder abgestorbenen Pflanzenteilen abzustecken, die eine gleiche Länge und Breite von 15 bis 50 cm haben. Diese »Grenzpfosten« werden an Cañonmündungen oder auf Bergkämmen errichtet und sollen einem Eindringling anzeigen, daß das Terrain besetzt ist.

Obwohl viele große Pflanzenfresser kein so ausgeprägtes Territorialverhalten kennen wie die Fleischfresser, versehen auch sie das von ihnen besiedelte Gelände mit Duftmarken. Der Gabelbock, der seine Duftdrüsen an den Kopfseiten trägt, markiert einen Strauch, indem er einen Zweig ins Maul nimmt und dann die »Backen« daran reibt. Der Guanako benutzt zu diesem Zweck wiederum seinen Urin und Kot. Außerdem legt er zur Kennzeichnung seines Gebietes Suhlen an. Er bringt oft eine halbe Stunde in einer solchen Suhle zu. Dabei scharrt er in ihr herum, bis sich der Boden lockert, wälzt sich auf den Rücken, die Beine in die Luft gestreckt, schlägt sein Wasser ab, erhebt sich, um seinen wiehernden Ruf auszustoßen, und wälzt sich abermals auf dem Boden.

Die Laguna Colorada an der Grenze von Salar de Atacama in Chile liegt 4800 Meter hoch in den Anden, oben. Der See ist salzig und, wie sein Name sagt, von Algen rot verfärbt.

Rechts: Flamingos (Phoenicopteridae) fliegen über die Laguna Colorada dahin. Diese herrlichen Watvögel sind in Trockengebieten nur selten anzutreffen.

Viele Tiere bedienen sich auch optischer Mittel in Form von allen möglichen Posen, um potentielle Widersacher abzuschrecken. Eidechsen verwenden die farbigen Flanken- und Bauchstreifen und Vögel die auffällig bunten Gefiederpartien für diese Art der Signalgebung. Wenn sich die Tiere bedroht fühlen, strecken sie diese Körperteile ostentativ dem Eindringling entgegen. Viele Eidechsen und Vögel richten sich so hoch auf wie möglich, blähen ihren Unterleib auf oder spreizen ihr Gefieder ab, damit sie größer wirken.

Die Nahrungspyramide

Die vielgestaltigen Lebensformen in einem Ökosystem bilden gleichsam eine Pyramide, die sich aus mehreren Stufen aufbaut, welche jeweils durch die Ernährungsweise der sie bildenden Organismen gekennzeichnet sind. Da die Pflanzen ihre Nahrung aus Sonnenlicht, Wasser und Kohlendioxid selbst herstellen, bilden sie die Basis der Pyramide. Nicht alle Pflanzenstoffe werden schon bald nach ihrer Entstehung von Pflanzenfressern verzehrt. Manche sind zu grob oder hol-

zig oder von Harzen und anderen Substanzen durchsetzt und werden von den Tieren verschmäht. Und nicht alle Pflanzenkost, die von vegetarisch lebenden Tieren aufgenommen wird, dient dem Körperwachstum. Ein Teil der Energie wird für die Fortbewegung, ein anderer Teil für die Aufrechterhaltung der Körperwärme verbraucht. Im allgemeinen beträgt das Gesamtgewicht der pflanzenfressenden Tiere innerhalb eines bestimmten Gebiets nur ein Zehntel dessen, was das gesamte Pflanzenmaterial wiegt. Das gleiche Verhältnis besteht zwischen Pflanzenfressern und Fleischfressern. Manche Pflanzenfresser entgehen dem Zugriff der Raubtiere, und auch die Raubtiere müssen einen Teil der Energie für die Fortbewegung und die Regulierung ihres Wärmehaushalts verwenden. Deshalb bringen die Raubtiere einer Region insgesamt nur etwa ein Zehntel des Gewichts der Pflanzenfresser auf die Waage.

Das erklärt, warum man ein Ökosystem mit einer Pyramide vergleichen kann; die Masse der Vegetation bestimmt die Fülle des Tierlebens in den anderen Stufen. In der Wüste ist der geringe Pflanzenwuchs die Hauptursache dafür, daß das tierische Leben sehr viel ärmer ist als im Grasland oder Wald. Durch den Pyramideneffekt läßt sich auch verstehen, daß Gräser und Sträucher in einem Ökosystem eine wesentlichere Rolle spielen als Mäuse und Hasen und daß andererseits Mäuse und Hasen zahlreicher vorkommen als Füchse und Adler.

Die nicht gefressenen pflanzlichen und tierischen Stoffe werden schließlich von Lebewesen verwertet, die sich auf abgestorbenes Material spezialisiert haben. Aaskäfer, Termiten, winzige Bodenmilben und letztlich Bakterien übernehmen die wichtige Aufgabe der Abfallbeseitigung. Wenn es sie nicht gäbe, würde die Landschaft nach und nach unter Riesenmassen von nicht zersetzten Pflanzenstoffen und Tierleichen begraben werden.

Manche Wüstenregionen sind so trocken, daß sich in ihnen keine dauerhafte Vegetation halten kann. Dies gilt, wie wir gesehen haben, für Teile der Namib und auf jeden Fall für die dürrsten Gebiete der Atacama-Sechura. Dort kann sich keine »normale« Lebenspyramide aufbauen; das organische Gefüge ist weitgehend abhängig von den Abfallstoffen, die vom Wind oder auf andere Weise herangeführt werden. Die räuberisch lebenden Arten können sich nicht an eine Pflanzenfresserschicht halten, sondern müssen unmittelbar auf die Schicht der Abfallbeseitiger zurückgreifen.

Das Tierleben der Atacama-Sechura ist ungewöhnlich dürftig; manche Arten haben sich immerhin so stark anzupassen vermocht, daß sie ihre Nahrung aus allen Stufen der Pyramide beziehen können. Ihr Repräsentant ist der Perufuchs *(Dusicyon sechurae),* der mit allem vorliebnimmt, was einigermaßen genießbar erscheint. Im Winter steigt er meist die Andenvorberge hinauf, wo er sich von den Samen der Sträucher ernährt. In dieser Zeit wird er zum Pflanzenfresser. Hin und wieder erwischt er ein Nagetier, das es ihm gestattet, seine angestammte Rolle als Beutegreifer zu spielen. Zu anderen Jahreszeiten ziehen die Füchse hinunter in die kahle Wüste längs der Küste. Hier leben sie von angespülten toten Fischen und Krabben oder sogar von Seetang. Sie verwandeln sich jetzt in Abfallbeseitiger.

Die von Abfallstoffen lebenden Tiergemeinschaften der Küstenwüsten sind eine ungewöhnliche Erscheinung innerhalb der Ökosysteme der Welt, deren Basis ja im allgemeinen die grünen Pflanzen darstellen. Die einzige Parallele von Bedeutung sind die tierischen Lebensgemeinschaften in den Tiefen der Ozeane, wo wegen des fehlenden Sonnenlichts keine grünen Pflanzen gedeihen können. Wie die Beutegreifer der Küstenwüsten hängen die räuberischen Arten der Tiefsee von einer Nahrungsschicht ab, die sich aus abfallfressenden Organismen zusammensetzt.

Die heißen Wüsten der Neuen Welt

Obgleich die Nahrungspyramide bedingt, daß es in der Wüste mehr pflanzenfressende als fleischfressende *Individuen* gibt, machen die Beutegreifer doch mehr als die Hälfte der wüstenbewohnenden *Arten* aus. Der Beutefang ist ein wichtiger biologischer Faktor, denn er sorgt dafür, daß die Tierbestände den durch das jeweilige Ökosystem vorgegebenen Rahmen nicht sprengen. (Das Sozialverhalten kann zwar auch eine Population wirksam beschränken, wie wir gesehen haben, aber es ist vielfach nur dann effektiv, wenn es durch andere »Wachstumshemmer« wie Raubtiere und harte Wetterbedingungen nachdrücklich unterstützt wird.)

Das Beutefangverhalten spielt auch im Evolutionsprozeß eine bedeutende Rolle. Es übt einen beständigen Selektionsdruck aus, der die Tiere veranlaßt, schnellere Fortbewegungsweisen zu entwickeln, bessere Tarntrachten und wirkungsvollere Methoden zur Ausnutzung des schützenden Geländes oder Bewuchses eines Gebiets. So wie jedes Wüstentier über Anpassungsmechanismen zur Vermeidung der Überhitzung und zur Feuchtigkeitskonservierung verfügt, kommen ihm auch Anpassungen zum Zwecke der Feindvermeidung zustatten.

Aber die Notwendigkeit des Nahrungserwerbs ist ebenfalls eine starke Kraft. Sie zwingt die Beutegreifer, ständig bessere Jagdmethoden, feinere Sinne zum Aufspüren der Beute und wirksamere Praktiken zur Überwältigung ihrer Opfer zu entwickeln. Die Beutegreifer-Beutetier-Evolution gleicht einem niemals endenden Wettrennen, bei dem die Beutetiere immer neue Strategien entwickeln, ihren Freßfeinden zu entkommen, und die Beutegreifer mit immer neuen Anpassungen nachziehen, um die Tricks der Beutetiere zu durchkreuzen.

Die nordamerikanische Sahara

Die heißen Wüsten Nordamerikas, ausschließlich im Südwesten der USA und im Nordwesten Mexikos gelegen, erstrecken sich im Bereich der nördlichen subtropischen Hochdruckzone und bilden somit das Gegenstück zur altweltlichen Sahara, bedecken jedoch mit 900 000 km² nur ein Zehntel der Fläche.

Obwohl in Teilen dieses Gebiets die jährliche Niederschlagsmenge nur 25 mm beträgt und obwohl mit 57°C die höchste Temperatur, die jemals auf der Erde registriert worden ist, in Nordmexiko gemessen wurde, weist die nordamerikanische Wärmewüste insgesamt kein so extremes Klima auf wie die Sahara. Im Vergleich zu den Wüsten der Alten Welt ist die Vegetation üppiger und abwechslungsreicher, da das Land erst seit viel kürzerer Zeit land- und viehwirtschaftlich genutzt wird.

Topographisch gesehen gehört die Region zum gebirgigen Typ. Kleinere oder größere Bergketten sind so dicht über diese Wüstenlandschaft verteilt, daß der Horizont nur an wenigen Stellen nicht von

Heftige Regengüsse haben Gesteinstrümmer am Fuß eines Kraters im Death Valley National Monument angespült. Wenn das Regenwasser verdunstet, bildet sich eine Playa. Die Temperaturen im »Tal des Todes« gehören zu den höchsten auf dem nordamerikanischen Kontinent.

*Unten: Zwei Weißrüsselbären an einer
Wasserstelle. In der typischen Haltung
strecken diese Tiere ihren langen
schwarzgeringelten Schwanz in die Luft.*

Erhebungen begrenzt ist. Die Böden bestehen meist aus feinkörnigem Material oder Geröll. Sandflächen sind selten, und deshalb paßt die Klischeevorstellung von endlosen kahlen Dünenfeldern im allgemeinen nicht zum Bild dieser Landschaft.

Der nordamerikanische Trockenraum wird gewöhnlich in drei getrennte Wüsten unterteilt. Die nordwestlichste und kleinste der drei ist die Mohave- oder Mojave-Wüste, die sich im südlichen Nevada, im Südosten Kaliforniens und im westlichen Arizona ausbreitet. Sie ist zugleich auch die eintönigste und abweisendste der drei Wüsten; die Niederschläge, die vom Herbst bis zum Frühjahr fallen, erreichen Werte von nur zehn Zentimeter oder weniger. Die ausdauernde Vegetation ist größtenteils strauchig und ausgesprochen monoton. Lediglich einige wenige Yucca- und Kakteenarten lassen die große Vielfalt der Sukkulentenpflanzen der beiden anderen Wüsten im Süden und Osten erahnen.

Die südöstlichste und größte der drei Wüstengebiete ist die Wüste von Chihuahua. Sie erstreckt sich ein kleines Stück in den Südwesten der USA – Texas und Neumexiko – hinein, bedeckt aber im wesentlichen die nord- und mittelmexikanische Hochebene zwischen der Sierra Madre Oriental und der Sierra Madre Occidental. Dank der Regenfälle, die hauptsächlich im Sommer niedergehen und durchweg Niederschlagshöhen von zehn bis zwanzig Zentimeter ergeben, entfaltet sich hier eine mannigfache Vegetation, bestehend aus Sträuchern, perennierenden Gräsern, niedrigen Bäumen, Kakteen und Blattsukkulenten.

Zwischen der Mohave- und der Chihuahua-Wüste im Südwesten der USA und dem Nordwesten Mexikos liegt die Sonora-Wüste, die allgemein als die reizvollste Wüstenlandschaft der Welt gilt. Ihren beiden Regenperioden im Sommer und im Winter verdankt sie die vielgestaltigste Flora aller Wüstengebiete der Erde und wohl auch die größte Fülle an Biotopen, wenn man von den feuchteren subtropischen und tropischen Breiten einmal absieht. Die Strauchvegetation ist durchsetzt von Kakteengewächsen in einer schier unendlichen Formenvielfalt: flachstämmige Feigenkakteen *(Opuntia)*, hohlstämmige Chollakakteen, ebenfalls Opuntienarten, die mit einem dichten Gewirr aus starren Dornen bewehrt sind, hüfthohe Tonnenkakteen *(Ferocactus acanthodes)* mit festen, angelhakenförmigen Dornen. Über diese ein bis zwei Meter hohe Vegetationsschicht erheben sich niedrige Bäume wie etwa der feinblättrige *Palo verde (Cercidium)* mit seinem grünen Stamm oder drei Meter hohe Ocotillosträucher *(Fouquiera splendens)*, die nach dem Regen eine rote Blütenkrone tragen, darüber hochstrebende, bis fünfzehn Meter große Saguaro- oder Riesensäulenkakteen *(Cereus giganteus)* und Cardónkakteen *(Pachycereus pringlei)*, die allesamt der Landschaft eine herbe Schönheit verleihen. In Jahren mit reichen Winterregen steigert ein Teppich aus leuchtend bunten einjährigen Pflanzen noch die Schönheit dieser Wüste.

Die argentinische Monte-Wüste

Der Monte, ein kleines Wüstengebiet ungefähr von der Größe der Sonora, liegt zwischen dem 27. und 35. südlichen Breitengrad im Osten der argentinischen Anden – das südamerikanische Pendant der Kalahari. Da die Monte-Wüste durch Mittelamerika und riesige äquatoriale Regenwälder fast 7000 km weit von den nordamerikanischen Wüstenregionen getrennt ist, sollte man meinen, sie würde sich von diesen nordamerikanischen Wüsten noch stärker unterscheiden als die Kalahari von der Sahara. Doch hat sie eine auffallende Ähnlichkeit mit der Sonora, was sowohl ihre Landschaftsformen als auch ihre

Flora und Fauna betrifft. Gelbblühende, grünstämmige *Palo-verde*-Bäume, die jenen der nordamerikanischen Wüsten sehr gleichen, beleben die Strauchvegetation, die von Kreosotbüschen *(Larrea cuneifolia)* beherrscht wird. Der in Nordamerika dominierende Kreosotbusch *(L. tridentata)* ist von der zweithäufigsten Art der Monte-Region, *L. divaricata,* kaum zu unterscheiden, und tatsächlich haben auch die älteren Botaniker beide Arten zu einer zusammengefaßt. Der Monte besitzt seinen eigenen Cardónkaktus *(Trichocereus terscheckii),* der dem Saguaro der Sonora stark ähnelt, und auch zahlreiche kleinere Kakteengewächse entsprechen nordamerikanischen Arten.

Ähnliche Parallelen finden sich in der Tierwelt, am augenfälligsten bei den Raubtieren wie Füchsen und Katzen. Zwei Katzenarten, der Puma *(Puma concolor)* und der Jaguarundi *(Felis yagouaroundi),* kommen sowohl in der Sonora- als auch in der Monte-Wüste vor. Es gibt allerdings auch Unterschiede. Die reiche Kleinnagerwelt und die verschiedenen Kaninchen- und Hasenarten der Sonora haben im Monte kaum ein Äquivalent. Nur den Zwergmara *(Pedio lagus salinicola),* eine Pampashasenart aus der Familie der Meerschweinchen, kann man mit den Hasen vergleichen. Anders ist es mit den beiden Hirscharten und dem Halsbandpekari, dem amerikanischen Wildschwein *(Tajassu tajacu),* das auch dort und zusammen mit dem Graumazama *(Mazama gouazouriba),* einer Spießhirschart, vorkommt.

Formen des Fluchtverhaltens im offenen Gelände

Die Taktiken, welche die Tiere anwenden, um sich ihren Feinden zu entziehen oder um ihre Beute zu verfolgen, werden weitgehend von der jeweiligen Vegetation bestimmt. Ein dichter Pflanzenwuchs hindert die Tiere an einer schnellen und weiten Flucht oder Verfolgung. In diesem Fall ist ein verfolgtes Tier wahrscheinlich sicherer, wenn es sich still verhält und ungesehen in die schützende Vegetation schlüpft. Und die Verfolger kommen wahrscheinlich eher ans Ziel, wenn sie sich auf die Lauer legen oder ihre Beute beschleichen.

Im offenen Gelände der Steppe und Wüste ist hingegen Schnelligkeit für Jäger wie Gejagte von lebenswichtiger Bedeutung. Hier haben die Tiere die vielfältigsten Formen der Fortbewegung entwickelt.

Von den größeren Säugetieren bedient sich der in der Sonora-Wüste lebende Weißwedelhirsch *(Odocoileus virginianus)* des allbekannten Galopps, bei dem beide Vorderläufe gleichzeitig den Boden berühren, gefolgt von den beiden Hinterläufen, die jeweils vor den Vorderläufen aufsetzen. Der Vetter des Weißwedelhirsches, der ebenfalls in der Wüste heimische Maultierhirsch *(O. hemionus),* flüchtet in hohen Sprüngen; dabei berührt das Tier den Boden mit allen vier Hufen zur gleichen Zeit und schnellt sich federnd voran.

Die wüstenbewohnenden Hasen sind Meister im schnellen Flüchten. Der Antilopenhase *(Lepus alleni)* in Mexiko hat wahrscheinlich die größten Ohren von allen Wüstenhasen, doch wenn er flüchtig wird, legt er diese wärmeabstrahlenden Organe nach hinten flach an den Körper an, um den Luftwiderstand zu verringern und besser durchs Gebüsch schlüpfen zu können.

In der Monte-Wüste leben zwar keine Hasen, wohl aber ein ökologisches Hasenpendant, der oben erwähnte kaninchengroße Zwergmara. Dieses merkwürdige Geschöpf gleicht in seinem Körperbau und seiner Fortbewegung einem Hasen, doch seine quadratische Schnauze und die kurzen Ohren wirken eher hundeähnlich.

Viele Wüstenvögel sind teilweise oder völlig zu Bodentieren geworden und verlassen sich lieber auf ihre Beine als auf ihre Flügel. Die Gambelswachtel *(Lophortyx gambelii)* ist ein leichtfüßiges Federwild der

nordamerikanischen Wärmewüsten, das sich nur dann in die Luft erhebt, wenn es sich gar nicht mehr vermeiden läßt. Der Rennkuckuck *(Geococcyx californianus),* der dieselbe Wüste bewohnt, ist von den Bäumen auf die Erde herabgestiegen. Diese räuberisch lebende Art, die man nur selten in der Luft beobachten kann, stellt ihrer Beute mit hoher Geschwindigkeit zu Fuß nach. LeContes Sichelspötter *(Toxostoma lecontei)* ist eine Singvogelart, die vor ihren Feinden lieber davonrennt als davonfliegt.

Zu den Wüstentieren mit den interessantesten Fortbewegungsanpassungen gehören jene vierfüßigen Arten, die nur auf den Hinterbeinen laufen, wenn sie es eilig haben. Verschiedene Wüstenechsen sind zu dieser Form des Bipedalismus übergegangen. Der nordamerikanische Leopardleguan *(Crotaphytus wislizenii)* richtet sich auf seine Hinterbeine auf und rast davon wie eine verkleinerte Ausgabe des räuberischen Dinosauriers *Tyrannosaurus rex.* Wenn er angreift, versetzt er seine Beute vermutlich in die gleiche Panik, wie sie *Tyrannosaurus* bei den Dinosauriern auslöste, die er hoch aufgerichtet überfiel.

Eine neuartige Form der bipedalen Fortbewegung ist das Hüpfen auf den Hinterläufen, das die nordamerikanischen Taschenspringer oder »Känguruhratten« *(Dipodomys)* meisterhaft beherrschen. Gleich den afrikanisch-asiatischen Wüstenspringmäusen springen diese kleinen Nager auf ihren Hinterbeinen nicht nur bis zu 50 cm hoch, sondern sie bewegen sich dabei auch im Zickzack, wie ein Ball, der zwischen zwei Wänden hin und her springt. Diese Fortbewegungsart konnte sich nur im offenen Gelände der Wüste entwickeln. Die Taschenspringer tragen außerdem am Ende ihres langen Schwanzes ein großes schwarzweißes Haarbüschel, das vermutlich eine Art Köder darstellt. Wenn sich ein Raubfeind auf den Schwanz stürzt, hüpft der Taschenspringer in Zickzacklinie davon, so daß der Angreifer immer nur die Stelle trifft, die das Tier soeben verlassen hat.

Ähnliche Tricks, ihre Verfolger zu narren, wenden auch zahlreiche Echsenarten an. Der hübsche Gebänderte Krallengecko *(Coleonyx variegatus)* der Sonora-Wüste hat einen dicken, auffällig quergestreiften Schwanz, der als Fettspeicher dient. Die grelle Färbung scheint indes vor allem die Aufgabe zu haben, etwaige Angreifer irrezuführen. Wenn der Schwanz von einem Räuber gepackt wird, bricht er einfach ab. Während sich der Räuber mit dem Geckoschwanz beschäftigt, sucht der Gecko das Weite, zwar schwanzlos, aber im übrigen quicklebendig.

Der Sand stellt die Wüstentiere vor mancherlei Fortbewegungsprobleme. Auf einem normalen Untergrund bewegt sich eine Schlange vorwärts, indem sie sich mit ihren Schuppen von Bodenunebenheiten abstemmt. Da der Leib bei diesem Schlängeln Schleifen bildet, wird der zum Voranschnellen erforderliche Reibungswiderstand nur von den Körperpartien erzeugt, die in einem bestimmten Winkel zur Laufrichtung den Boden berühren. Auf lockerem Sand hingegen rutscht dieser Sand lediglich unter den Körperschleifen weg, ohne daß die Schlange von der Stelle kommt. Deshalb hat sich die Seitenwinderklapperschlange *(Crotalus cerastes)* eine andere Fortbewegungsmethode zu eigen gemacht: Sie hebt jeweils eine ganze Windung vom Boden ab und schnellt sie zur Seite, während sie sich gleichzeitig mit der Bauchschiene im rechten Winkel zur Bewegungsrichtung vom Sand abdrückt; dadurch entsteht genügend Reibungswiderstand, der ein rasches Fortkommen in seitlicher Schrägrichtung gestattet. Dieser Stil des Seitenwindens hat sich unabhängig auch bei der Sandviper *(Bitis peringueyi)* in der Wüste Namib und bei der nordafrikanischen Hornviper *Cerastes viperus* entwickelt. Auf einer festen Unterlage können sich alle diese Arten auf übliche Schlangenweise fortbewegen. Die seitlichen Schuppensäume an den Zehen des nordamerikanischen

Drei der Schlangenarten, denen man in den nordamerikanischen Trocken-gebieten am häufigsten begegnet, sind ungiftig. Oben: Die Kiefernnatter (Pituophis melanoleucus) gebärdet sich zunächst sehr aggressiv und kampflustig, doch wenn man sie einige Minuten lang behutsam in die Hand genommen und gestreichelt hat, wird sie recht zutraulich. Mitte: Die nächsten Verwandten der Königs- oder Kettennatter (Lampropeltis getulus), die im Osten der Vereinigten Staaten lebt, sind Tagtiere, doch dieser westliche Wüstenbewohner ist nachtaktiv. Unten: Die Kutscherpeitschennatter (Masticophis = Coluber flagellum) ist eine sehr flinke Schlange. Wenn sie zubeißt, gräbt sie ihre Zähne tief ins Fleisch ein und hinterläßt beim Zurückziehen des Kopfes unangenehme Verletzungen.

Folgende Seiten: Die Texas-Klapper-schlange (Crotalus atrox) gehört zu den wenigen Giftschlangen, die in den heißen Wüsten Nordamerikas vorkommen. Bei geschlossenem Maul sind die vorderständigen Giftzähne dieser Grubenotter zurückgezogen und flach angelegt, doch wenn das Tier zubeißt, werden sie aufgerichtet und nach vorne gebracht.

Fransenzehenleguans *(Uma notata)* und an denen von zwei argentinischen Erdleguanen *(Liolaemus)* erleichtern den Tieren die rasche Fortbewegung im Sand. Diese Anpassung finden wir auch bei Echsenarten in anderen Wüstenregionen, zum Beispiel bei den Fransenfingereidechsen *(Acanthodactylus)* der Negev-Wüste und bei den Sandskinken *(Scincus)* der arabischen und der nordafrikanischen Wüste.

Die Überwältigung der Beute

Im Unterschied zu den Parasiten, die sich vielfach von weit größeren Wirtstieren ernähren, ohne sie zu töten, erledigen die Raubtiere ihre Beute sehr schnell mit ihren jeweiligen Waffen, mit Fängen, Krallen, kräftigen Schnäbeln und scharfen Zähnen. Doch trotz dieser wirksamen Waffen sind sie im allgemeinen auf gleich große oder kleinere Beutetiere angewiesen. Eine Möglichkeit, eine größere Beute zu überwältigen, ist die Verwendung von Giftstoffen, die das Opfer ohne vorhergehenden Kampf töten. Viele Wüstenbewohner bedienen sich dieser Technik.

Skorpione sind in allen Wüsten stark verbreitet. Mit der Giftdrüse und dem kräftigen Stachel am Ende ihres Hinterleibs, der eingerollt über dem Rücken getragen wird, können diese Spinnenverwandten auch einem Menschen schmerzhafte, zuweilen tödliche Stiche beibringen. Die Nahrung der Skorpione besteht allerdings vorwiegend aus Insekten. Tagsüber verstecken sie sich in selbstgegrabenen Erdgängen, aus denen sie des Nachts hervorkommen, um Beutetieren aufzulauern, die sich arglos in ihre Nähe wagen.

Die Spinnen teilen ihr Gift aus, wenn sie mit ihren Kieferfühlern oder Cheliceren zubeißen. Auch sie ernähren sich hauptsächlich von Insekten, die sie meist mit ihren geschickt plazierten Netzen einfangen. Zu den furchterregendsten Wüstenspinnen zählt die Amerikanische Tarantel *(Aphonopelma),* ein wollig behaartes schwarzes Tier, das fast so groß wird wie eine Menschenhand. Ihr Biß ist für den Menschen sehr schmerzhaft, wenn auch nicht tödlich.

Doch auch diese gefährliche Tarantel ist ihrerseits vor Feinden nicht sicher. Eine Tarantelwespe der Gattung *Pepsis* verwendet sie als Nahrung für ihre Nachkommen. Die Wespe geht dabei genauso vor wie die Spinnenwespen der Namib-Wüste: Sie lähmt die Tarantel mit ihrem Giftstachel und zerrt sie in ein Erdloch, wo sie auf ihrem Opfer ein Ei ablegt. Die ausgeschlüpfte Wespenlarve ernährt sich von dem noch lebenden Spinnentier, das erst abstirbt, wenn das Larvenstadium der Wespe abgeschlossen ist.

Die beiden einzigen giftigen Echsen der Welt sind das hübsche Gilatier *(Heloderma suspectum)* und die ihm nahverwandte Skorpionskrustenechse *(H. horridum);* beide zählen zu den größeren Reptilien der nordamerikanischen Wüstengebiete. Die meisten wüstenbewohnenden Schlangen sind ungiftig; manche überwältigen ihre Beute, indem sie sie umschlingen und ersticken. Die nordamerikanischen Klapperschlangen *(Crotalus)* sind allerdings sehr giftig. Ihr Toxin wird vor allem gegen Nagetiere eingesetzt, die ihre Hauptnahrung darstellen, und enthält zudem bestimmte Enzyme, die gleich nach dem Einspritzen die Beute zu zersetzen beginnen. Da die Schlange ihr Opfer als Ganzes verschlingen muß, kann sie mit dem vorher »eingeweichten« Futter besser fertig werden.

Der Rennkuckuck steht vor einem ähnlichen Problem, das er auf weniger dezente Weise löst. Auch er ernährt sich von Nagern, die sich wegen ihres Knochengerüsts nur schwer abschlucken lassen. Deshalb schlägt der Vogel, kaum anders als ein Metzger, der ein zähes Fleischstück weichklopft, eine erbeutete Maus bis zu hundertmal gegen einen

Samtmilben (Trombidiidae), oben, sind farbenprächtige Vertreter der nordamerikanischen Wüstenfauna.

Vorhergehende Seite: Diese Tarantelart (Brachypelma smithi) aus Mexiko ist ein furchterregendes Spinnentier. Ihr Stich ist zwar schmerzhaft, aber nicht gefährlich giftig.

Rechts: Eine Yuccamotte (Pronuba yuccasella) legt eine Pollenkugel auf der Narbe einer Yuccablüte ab und bestäubt dadurch die Pflanze. Das Falterweibchen trägt die Kugel in seinen ausgekehlten Vorderbeinen. Nach der Bestäubung führt das Tier seine Eier in den Fruchtknoten der Yuccablüte ein, wo die ausgeschlüpften Larven heranwachsen und Nahrung vorfinden. Schmetterling und Yucca sind aufeinander angewiesen, wenn sie überleben wollen.

Obere Reihe, links: Im Gegensatz zu sehr vielen »Motten« fliegt dieses Widderchen aus der Familie Amatidae am Tage. Mitte: Die kurzen Flügel dieser Gebirgsheuschrecke (Melanoplus sp.) zeigen an, daß sie sich in einem späten Nymphenstadium befindet, also noch nicht voll ausgewachsen und flugfähig ist. Heuschrecken ernähren sich in der Regel von Pflanzen. Rechts: Diese Chelinidea vittiger, Mitglieder der artenreichen Leder- oder Randwanzenfamilie (Coreidae), haben sich auf Kakteen spezialisiert. Das Insekt ernährt sich von dem Saft, den es der Pflanze aussaugt.

Untere Reihe, links: Die Sandwespen (Ammophila) legen ihre Nester in selbstgegrabenen Erdlöchern an. In jedes Loch deponiert das Weibchen eine Schmetterlingslarve, die es zuvor durch einen Stich gelähmt hat, und legt auf ihr ein Ei ab. Die ausgeschlüpfte Wespenlarve ernährt sich von der Schmetterlingslarve. Die Sandwespen gehören zu den seltenen werkzeuggebrauchenden Insekten, denn sie verschließen den Nesteingang mit einem kleinen Stein. Mitte: Die kurzen Flügel dieser Heuschrecke (Dactylotum bicolor) deuten nicht auf ein jugendliches Entwicklungsstadium hin. Die Flügel sind vielmehr von Hause aus verkümmert. Es handelt sich um eine flugunfähige Art, die nur noch hüpfen kann und ausgesprochen gesellig ist.

Rechts: Dieser Blasen- oder Ölkäfer (Lytta magister) tut sich an einer Kaktusblüte gütlich. Die erwachsenen Käfer ernähren sich von Pollen und Teilen der Blüte, doch ihre Larven harren innerhalb der Blüte aus, bis sie die Möglichkeit haben, sich an den Beinhaaren einer honigsuchenden Biene anzuklammern. Sie lassen sich dann in die Bienenkolonie befördern, wo sie von Bieneneiern und -larven leben.

Stein, um die Knochen zu zerschmettern. Zu den vielen Talenten des Rennkuckucks gehört auch die Fähigkeit, Klapperschlangen zu überwältigen. Wenn die beiden Tiere aufeinandertreffen, rollt sich die Schlange angriffslustig zusammen, während der Kuckuck sich darauf einstellt, ihren Angriff zu parieren. Sobald der Oberkörper der Schlange vorschießt, hüpft der Vogel rasch zur Seite, um ihm auszuweichen, und hackt dann mit seinem florettähnlichen Schnabel blitzschnell auf den Schlangenkopf ein. Nach ein paar Hieben liegt die Schlange tot zu Füßen des Siegers. Eine kleine Schlange kann der Vogel auf einmal verspeisen, indem er sie mit dem Kopf voran verschlingt. Doch wenn die Schlange größer ist als der Vogelmagen, verschluckt der Rennkuckuck seine Beute nur zum Teil. Er läuft dann oft stundenlang umher, während das hintere Ende des Schlangenleibs aus seinem Schnabel heraushängt. Erst wenn nach Verdauung des Vorderteils wieder genügend Platz in seinem Magen ist, verschlingt er auch den Rest.

Andere fleischfressende Tiere der Wüste sind Aasverwerter, die in ihrer Stammesgeschichte nicht das Verhaltensrepertoire der aktiven Beutejagd erworben haben. Sie ernähren sich vielmehr von verendeten Tieren oder von den Überresten der Raubtiermahlzeiten. Der amerikanische Truthahngeier *(Cathartes aura)* ist ein typischer Vertreter dieser Gruppe. Bei seinem nackten Kopf und Hals handelt es sich offensichtlich um eine Anpassung, die es ihm erlaubt, den Kopf unbehindert durch Federn tief in einen Tierkadaver einzutauchen, um besonders begehrte Leckerbissen hervorzuklauben.

Diese Geierart hat ein merkwürdiges Verteidigungsverhalten entwickelt, das mit seiner Ernährungsweise zusammenhängt. Wenn sich ein potentieller Widersacher zu sehr nähert, bombardiert der Geier ihn mit seinem ausgewürgten Mageninhalt. Da die ohnehin übelriechende Nahrung des Vogels in seinem Magen noch weiter zersetzt wird, vermag diese Verteidigungswaffe die allermeisten Angreifer abzuwehren. Der Audubon-Caracara *(Caracara cheriway)* läßt sich allerdings dadurch nicht abschrecken. Das aparte Aussehen dieses mexikanischen Greifvogels täuscht darüber hinweg, daß er über höchst unappetitliche Tischmanieren verfügt. Er setzt den Truthahngeiern im Flug so sehr zu, daß sie schließlich zu ihrem letzten Verteidigungsmittel greifen. Der Caracara fängt dann die ausgewürgte Geiernahrung in der Luft auf und verspeist sie.

Der Audubon-Caracara (Caracara cheriway), oben, ist ein Greifvogel, der sich von lebender Beute aller Art sowie von Aas ernährt.

Folgende Seite: Rabengeier (Coragyps atrata) haben sich auf einem Cardónkaktus (Pachycereus pringlei) in der mexikanischen Sonora-Wüste versammelt. Diese Aasfresser kreisen oft in großer Zahl hoch am Himmel. Wenn sie einen Tierkadaver entdecken, finden sie sich allesamt bei ihm ein.

Formen der Tarnung

Tiere, die zu klein oder zu langsam sind, um ihren Freßfeinden zu entgehen, müssen sich ihnen durch ein Tarnkleid oder durch die Flucht in die schutzgewährende Vegetation entziehen. Das ist nicht einfach in den meist nur spärlich bewachsenen Wüstengebieten. Eine für viele Wüstentiere charakteristische Lösung besteht darin, daß sie sich in den Boden eingraben oder einwühlen.

Doch früher oder später müssen sie wieder hervorkommen, um Nahrung zu suchen. Dann laufen sie, genauso wie die nicht grabenden Arten, Gefahr, von ihren Feinden gesehen zu werden. Der kahle Wüstenboden weist indes einen großen Farbenreichtum auf: schwarzes Vulkangestein, roter, gelber oder weißer Sandstein, grauer Schiefer usw. Viele Wüstentiere haben sich in der Färbung ihrer Haut, ihres Fells oder ihres Gefieders ihrem jeweiligen Untergrund angepaßt und sind dadurch recht gut getarnt. In einem Gebiet der Chihuahua-Wüste sind mehrere Taschenmausarten *(Perognathus),* die auf Lavafeldern beheimatet sind, schwarz gefärbt, während dieselben oder naheverwandte Arten, die unweit davon auf weißem Gipssand leben, fast weiß

sind. Die Antilopenerdhörnchen *(Spermophilus leucurus)*, die in einem anderen Teil der nordamerikanischen Wüstenzone heimisch sind,
tragen dort, wo der Untergrund aus rotem Sandstein besteht, ein wun-
derschönes rötliches Fell, doch an Standorten mit gelbem Sandboden
ist das Fell golden getönt. Ähnliche Übereinstimmungen zwischen
Haut- und Bodenfärbung kommen auch bei den Eidechsen vor.

Viele Insektenarten passen sich den Pflanzen an, die ihre Nahrung
bilden, indem sie entweder die Farbe des Laubs annehmen oder ihre
Körpergestalt so verändern, daß sie den Blättern oder Stengeln ähnelt.
In der Monte-Wüste lebt eine erstaunliche Heuschrecke *(Astroma
quadrilobatum)*, deren stockförmiger Leib aussieht wie ein Stengel des
Kreosotbusches, von dem sich das Insekt ernährt.

Kakteen sind ihre Heimat

Zahllose Tierarten benutzen Pflanzen als Schutz vor Feinden und vor
den Naturgewalten, als Platz, auf dem sie ausruhen, balzen und singen,
als Nahrungs- und Wasserlieferant.

Da der mächtige Saguarokaktus im Innern sehr weich ist, können
Vögel mühelos Nistlöcher in den Stamm hineinbohren. Angesichts der
zahlreichen Greifvogelarten in der Wüste ist das Offenbrüten ein ris-
kantes Unterfangen. In ungeschützten Nestern, wie sie für die Vögel
in den Wäldern der gemäßigten Zone typisch sind, würden junge Wüstenvögel vielleicht nur in einem von vier oder fünf Fällen bis zum
Flüggewerden überleben. Nagetiere, Schlangen oder andere Vögel
können exponierte Eier oder Jungvögel sehr leicht ausmachen und
erbeuten. Ein Gelege in einer Nisthöhle, etwa in einem Saguaro, hat
dagegen eine viel größere Überlebenschance.

Die meisten Löcher in den Saguarokakteen stammen ursprünglich von
den reizenden Goldspechten *(Colaptes auratus)* und den etwas kleineren Gilabindenspechten *(Melanerpes uropygialis)*. Diese Vögel brüten
in den Höhlen, doch in den nachfolgenden Jahren überlassen sie ihre
Kinderstuben anderen Vögeln zur freien Benutzung. Einer der häufigsten Nutznießer der Spechtwohnungen ist der zierliche Elfenkauz
(Micrathene whitneyi), mit einer Länge von nur 15 cm die kleinste
Eulenart der Welt.

Andere Vogelarten bauen ihre Nester lieber zwischen den Stämmen
der Chollakakteen *(Opuntia bigelovii* und *O. fulgida)*, die von den
Amerikanern Teddybär- bzw. Springkaktus genannt werden. Diese
Pflanzen sind mit einem dichten Gewirr aus unglaublich spitzen Dornen bedeckt, die sofort in die Haut eindringen, sobald man sie nur
leicht berührt. Der Kaktuszaunkönig *(Campylorhynchus brunneicapil-
lus)*, LeContes Sichelspötter und der Krummschnabel *(Toxostoma
curvirostre)* nisten unbekümmert in diesem Stachelpanzer. Die zuletzt
genannte Art baut sogar ein kugeliges Nest aus den Dornen und
Sproßgliedern des Chollakaktus, das ein Beobachter einmal folgen-
dermaßen beschrieben hat: »Zehn Millionen feine Nadeln, die auf
Hunderten von lose verbundenen Spindeln aufsitzen, sind so dicht
ineinander verwoben, daß man meint, selbst der kleinste Gegenstand
könne sie nicht durchdringen. Aber die Spottdrosseln schlüpfen so
leicht hindurch, wie Wasser durch ein Sieb rinnt.«

Eine kleine Säugerart, die sich ebenfalls die Sukkulenten zunutze
macht, ist die Weißkehlfelsenratte *(Neotoma albigula)*. Sie formt aus
Zweigen, Pflanzenresten, kleinen Steinen und allen möglichen anderen Stoffen ein kugelförmiges Gebilde, das einen Durchmesser von
einem Meter oder mehr hat. Oft errichtet sie ihr Nest in einem Chollakaktus oder zwischen den starren, spitz zulaufenden Blättern einer
Yucca oder Palmlilie *(Yucca schidigera)*. Wenn sich die Ratte für eine

Cholla entscheidet, verwendet sie die Dornen und Teile der Sproßglieder als Baumaterial. Niemand weiß, wie es die Felsenratten und die Vögel, die in den Chollakakteen nisten, fertigbringen, den nadelspitzen Dornen zu entgehen.

Die Sukkulenten stellen für viele Tiere auch eine unersetzliche Nahrungs- und Wasserquelle dar. Das Texas-Halsbandpekari *(Tojassu tajacu angulatus)* ernährt sich regelmäßig von den Dornen und den Früchten des Feigenkaktus *(Opuntia)*. Die Tiere müssen einen Magen aus Eisen haben, denn ihr Kot ist oft nur eine Ansammlung von unverdauten Dornen. Die Felsenratten *(Neotoma)* beknabbern ebenfalls gerne Feigenkakteen und Yuccablätter, suchen aber vermutlich eher nach Feuchtigkeit als nach Nahrung. In Kalifornien werden die Ratten zunehmend aggressiver, wenn der Sommer zur Neige geht, die Vegetation verdorrt und das Wasser knapp wird. Jede Ratte verteidigt dann ein Territorium, das mit einem oder mehreren Feigenkaktusgewächsen bestanden ist, und vertreibt alle anderen Kleinsäuger aus ihrem Revier.

Eine der innigsten und eigenartigsten Wechselbeziehungen, die sich zwischen einem Tier und einer Pflanze entwickelt haben, ist die gegenseitige Abhängigkeit der Palmlilie *Yucca elata* und der Yuccamotte *Pronuba yuccasella*. Die Fortpflanzungszeit des Falters und die Blütezeit der Yucca sind genau aufeinander abgestimmt. Unmittelbar vor der Eiablage dringt das Weibchen in eine Yuccablüte ein. Dort sammelt es Pollen, den es zu einer Kugel zusammenrollt und auf der Blütennarbe ablegt. Dadurch wird die Pflanze bestäubt. Im Verlauf der Evolution hat die Blüte eine so spezifische Form angenommen, daß die Befruchtung weder durch die Pflanze selbst noch durch irgendein anderes Tier erfolgen kann. Sie ist also ganz und gar von dieser bestimmten Schmetterlingsart abhängig geworden.

Die Pflanze erweist sich indes erkenntlich für diesen Liebesdienst. Der Schmetterling kann sich nur fortpflanzen, indem er etwa sechs Eier in den Fruchtknoten der Yucca einführt, aus dem der Samenbehälter hervorgeht. Nachdem die Larven geschlüpft sind, bleiben sie in der Samenhülle und ernähren sich von den jungen Samen. Wenn die Larven herangereift sind und die Hülle verlassen, bleiben genügend unversehrte Samen zurück, so daß sich auch die Pflanze vermehren kann.

Körpereigene Abwehrwaffen

Manche Wüstentiere tragen ständig ihre eigenen Verteidigungswaffen mit sich herum. Das Baumstachelschwein *(Erethizon dorsatum)*, auch Urson genannt, gilt allgemein als ein Bewohner der nordamerikanischen Wälder, doch trifft man es auch überraschend oft in der Wüste an. Dieser wandelnde Kaktus trottet hier gemächlich auf dem Boden einher, unbekümmert um die meisten Raubtiere, geschützt durch seinen Panzer aus gefährlichen, mit Widerhäkchen versehenen Stacheln. Das nordamerikanische Reptilienpendant zum Stachelschwein sind die Krötenechsen *(Phrynosoma)*. Die verschiedenen Arten sind am Kopf, am Körper und am Schwanz mit scharfen Stacheln oder Hörnern bewehrt, die etwaigen Freßfeinden gehörigen Respekt einflößen. Die meisten Schildkröten sind zwar Wasserbewohner, aber es gibt auch eine Reihe von Landschildkröten, von denen einige sogar in den verschiedenen Trockengebieten vertreten sind. Die wüstenbewohnenden nordamerikanischen Gopherschildkröten *(Gopherus)* sind gemächliche Tiere, die sich vegetarisch ernähren und tagsüber in selbstgegrabenen unterirdischen Höhlen vor der Sonne Schutz suchen. Wie andere Schildkröten tragen sie einen Knochenpanzer, in den sie ihren Körper einziehen können, wenn sie sich bedroht fühlen.

Vorhergehende Seite: Der abschreckende »Teddybärkaktus« (Opuntia bigelovii) ist bewehrt mit »zehn Millionen feinen Nadeln, die auf Hunderten von lose verbundenen Spindeln aufsitzen . . .«

Folgende Seiten: Die nordamerikanische Gopherschildkröte (Gopherus agassizi) ist ein reiner Vegetarier. Diese Tiere können 50 bis 60 Jahre alt werden.

Die Tierwelt der australischen Wüsten

Vor rund 120 Millionen Jahren begann auf der Südhalbkugel ein riesiger Superkontinent namens Gondwanaland auseinanderzubrechen und ließ die Festlandsblöcke entstehen, die wir heute als Indien, Afrika, Südamerika, Antarktika, Neuseeland, Neuguinea und Australien bezeichnen. Mit Ausnahme von Antarktika trieben diese Landmassen auf die Kontinente der nördlichen Hemisphäre zu. Australien und Neuguinea lösten sich als letzte von Antarktika und begannen erst vor rund 80 Jahrmillionen nach Norden und Osten zu driften. Deshalb waren die Pflanzen und Tiere Australiens vermutlich einige Millionen Jahre lang in kalten und zweifellos feuchten Breiten isoliert, die denen von Helsinki und Leningrad vergleichbar sind. Die australische Fauna und Flora fächerten sich in Arten auf, die sich von jenen der übrigen Welt stark unterschieden, und mußten sich an ein feuchtes und möglicherweise kaltes Klima anpassen.

In den darauffolgenden 40 Millionen Jahren setzten Australien und Neuguinea ihre Nordostreise fort, bis sie schließlich vor Südostasien zur Ruhe kamen. An dieser Nahtstelle, die mehr oder weniger quer durch die südliche subtropische Hochdruckzone verläuft, geriet Australien in den Bereich einer sengenden Hitze. Der Schauplatz war bereitet für einen Testfall der Evolution: Würden sich die einzigartigen Tiere Australiens unter dem Einfluß der Dürre in Wüstenformen verwandeln? Und würden sich ihre Merkmale im Sinne der Konvergenz an die der Pflanzen und Tiere in anderen Wüstenregionen angleichen?

Vor zehn Millionen Jahren war Australiens Nordostdrift abgeschlossen, aber das Meer trennte auch weiterhin den jungen Kontinent vom südostasiatischen Festland. Vor mehr als einer Jahrmillion, zu Beginn des Eiszeitalters, entstand im Pazifischen Ozean durch Hebungen der Erdkruste eine Inselkette, die sich von der Spitze der Malaiischen Halbinsel bei Singapur über Sumatra, Borneo, Java und Celebes erstreckte. Diese Inselkette ermöglichte die Zuwanderung von Pflanzen und Tieren aus Asien. Die asiatischen Arten waren an hohe tropische Temperaturen gewöhnt, aber auch an die heftigen Regenfälle und die üppige grüne Vegetation der äquatorialen Urwälder. Konnten diese Arten in Australien überleben?

Regenbogen, so wie dieser über der Simpson-Wüste in Australien, sind in Trockengebieten eine seltene Erscheinung.

Folgende Seiten: Die Kragenechse (Chlamydosaurus kingii) gehört zu den auffälligsten australischen Reptilien. Dieser häufige Bewohner des Waldes und der Wüstenränder kann sich auf den Hinterbeinen aufrichten und in dieser Körperhaltung sehr schnell rennen.

Die Trockenräume Australiens

Auf dem australischen Kontinent herrscht die rote Farbe vor, da der Boden meist aus rotem Sandstein und Granit besteht. In der Wüste, wo der Untergrund kaum von Vegetation bedeckt wird, dehnt sich der rötliche Boden nach allen Seiten aus, nur hier und da von Pflanzen betupft.

Etwa zwei Drittel Australiens sind arid oder semiarid; die Gesamtfläche der Wüste wird nur noch von der Sahara übertroffen. Der meiste

Oben: Dieser Sandsteinfelsen in der Painted Desert des australischen Namburg-Nationalparks ist seit Jahrtausenden von Wind und Sand abgeschliffen worden. Mitte: Die verbrannten rundlichen Steine in manchen Wüstengebieten Australiens werden als »Teufelsmarmor« bezeichnet. Unten: Die kugeligen Büschel des Spinifexgrases (Triodia microstachyla) im westlichen Queensland haben die Form des »Teufelsmarmors«. Diese Büschel bieten zahlreichen Wüstentierarten Schutz.

Regen fällt in den Randzonen des Kontinents, während die Niederschlagshöhe im inneren Drittel nur 25 Zentimeter oder weniger beträgt. Wie andere Wüsten, die in der subtropischen Hochdruckzone liegen, erhalten auch die Trockenräume Australiens ihren Sommerregen vorwiegend in den äquatorialen Bereichen und ihre winterlichen Niederschläge größtenteils in den höheren Breiten.

Der Regen, der in der australischen Wüste reichlicher fällt als in den trockensten Regionen Afrikas, Asiens und Amerikas, läßt niedrige Bäume in erstaunlicher Fülle gedeihen. Die Bäume bieten zahlreichen Vogelarten Nistgelegenheiten, Nahrung und Ruheplätze und erklären zumindest teilweise die vielgestaltige Vogelfauna der australischen Trockenräume.

Abgesehen von der Great Dividing Range längs der Ostküste und von einigen niedrigeren Bergketten im Inneren des Kontinents, ist die geologische Gestalt des Landes ziemlich einförmig. Die niedrigen Berge, die vereinzelten Felsgrate und die flachen Klippen sind von zahlreichen Höhlen und Spalten durchzogen, in denen die schattenliebenden Tiere Schutz finden, also die vielen Insekten, Reptilien und Säugetiere, unter denen die Känguruhs die größten sind.

Von der Nordwestecke Australiens erstreckt sich ein breiter Sandbodenstreifen in südöstlicher Richtung bis zum Mittelpunkt des Kontinents. Diese Region ist großenteils von parallel angeordneten sandigen Erhebungen durchzogen, die zehn bis fünfundzwanzig Meter hoch und mehrere Kilometer lang sind. Diese durch eine Pflanzendecke verfestigten Erhebungen ähneln sehr den alten Dünen der Kalahari, die ja ebenfalls bewachsen sind.

Andere Gebiete weisen nur eine kümmerliche, unscheinbare Vegetation auf. Nicht weit vom Mittelpunkt des Kontinents dehnt sich eine weite »Gibber«-Ebene aus, die sogenannte Sturt-Steinwüste, in der extreme Trockenheit herrscht; die jährliche Niederschlagsmenge erreicht hier nur 12,5 bis 15 Zentimeter. Der Boden ist bedeckt von kleinen glattpolierten Steinen (»Gibber«), die rötlichbraun schimmern, wenn man die Sonne im Rücken hat, aber fast pechschwarz erscheinen, wenn man sie im Gegenlicht betrachtet. Da die dunklen Steine die Strahlen der sengenden Sonne absorbieren und sich aufheizen, verwandelt sich diese Gegend im Sommer in einen natürlichen Glutofen.

Blätter aus graugrünem Leder

Die lange Isolation hat in der Evolution der australischen Pflanzen- und Tierwelt eine starke Divergenz bewirkt. Ganze Pflanzengruppen sind entweder endemische Formen oder unterscheiden sich sehr deutlich von ihren Verwandten in anderen Erdteilen. Das beste Beispiel sind die 500 bis 600 Eukalyptusarten, die über den gesamten Kontinent verbreitet sind. Eukalyptusbäume sind zwar überall in der Welt eingebürgert worden, aber kein anderes Land, abgesehen von Celebes, den Philippinen, Molukken und einigen Inseln vor Australien, besitzt bodenständige Arten.

Eine andere ungewöhnlich vielfältige australische Baum- und Strauchgattung, deren Formen sich stark von den sonst auf der Erde vorkommenden Verwandten abheben, sind die Akazien. In Australien zählt man 900 oder mehr verschiedene Akazienarten. Im Gegensatz zu den nichtaustralischen Arten haben sie keine Stacheln und in der Regel einfache längliche Blätter. Nur an den Blüten und den gefiederten, mehrteiligen Blättern der ganz jungen Pflanzen kann man ihre Verwandtschaft mit den Akaziengewächsen in anderen Kontinenten erkennen.

Doch obgleich die australischen Pflanzen eine Sonderentwicklung durchgemacht haben, haben sie sich vielfach auf die gleiche Weise wie die in anderen Ländern vorkommenden Arten an die Wüstenverhältnisse angepaßt. Viele Eukalyptusarten, die, wenngleich zwergwüchsig, auch in den meisten australischen Trockengebieten verbreitet sind, zählen zu den dürrebeständigsten Bäumen, die wir kennen. Zu Millionen hat man sie als Schattenspender, Ziergewächse und Windschutz in manchen Gebieten Nordafrikas und Vorderasiens angepflanzt, wo keine anderen Bäume wachsen wollen. Daß sich die Eukalyptusbäume und Akazien in Trockenräumen so erfolgreich behaupten können, verdanken sie der lederartigen Struktur ihrer Blätter, welche die Transpiration verringert, ihren riesigen Wurzelsystemen, die einer entsprechend großen Bodenmasse Feuchtigkeit entziehen können, und der blassen Färbung der Blätter, die das Sonnenlicht abstrahlen und dadurch eine Überhitzung verhindern. Die blasse graugrüne Farbe des Laubwerks entlockt den Australiern den oft gehörten Stoßseufzer, daß ihre Vegetation »nicht richtig grün« sei.

Im südlichen Teil der australischen Wüstenzone, der im Winter Regen abbekommt, herrschen kleinwüchsige Sträucher vor, etwa der Salzstrauch *(Atriplex vesicaria)*, eine graue Meldenart, die mit den Melden der nordamerikanischen und eurasischen winterfeuchten Wüsten verwandt ist, und die sogenannte Sommerzypresse *(Kochia sedifolia)*, ein attraktiver blaugrauer Strauch, der ebenfalls Verwandte in anderen Erdteilen hat. Die Pflanzenwelt der australischen Salzbuschregion unterscheidet sich äußerlich kaum von der Strauchvegetation der Salzwüsten im nordamerikanischen Großen Becken.

In der nördlichen Hälfte der inneraustralischen Trockengebiete, wo der meiste Regen im Sommer fällt, besteht die Pflanzendecke vorwiegend aus ausdauernden Gräsern, zumal aus der Gruppe der Spinifexgräser, die ebenfalls eine endemische Pflanzenform Australiens darstellen. Die Spinifexgräser *(Triodia* und *Plectrachne)* haben eine graugrüne Farbe, ausgesprochen lederige Blätter und starre, spitz zulaufende Stengel. Büschel mit einem Durchmesser von ein bis zwei Metern können meterhoch oder noch höher werden. Diese abschreckenden Pflanzen, von den Australiern »Hummocks« genannt, gewähren ganzen Lebensgemeinschaften, Beutejägern wie Beutetieren, eine sichere Zuflucht. Spinnen, Skorpione, Heuschrecken, Schaben, Dunkelkäfer, Steingeckos *(Diplodactylus elderi)* und Hüpfmäuse *(Notomys)* leben hier in einem heiklen Waffenstillstand zusammen, weil sie sich in dieser bunt zusammengewürfelten Gesellschaft offensichtlich geborgener fühlen als in der noch gefährlicheren Welt außerhalb ihrer stachelbewehrten Festungen.

Beuteltiere

Noch stärker als in der australischen Flora tritt die Sonderstellung der Säugetierfauna auf diesem Kontinent in Erscheinung. Sie hat einen ganz anderen evolutionären Weg eingeschlagen als die allermeisten Säuger in den übrigen Erdteilen. Wenn dennoch Wüstentiere, die so wenig miteinander verwandt sind wie australische Känguruhs und afrikanische Gazellen, in der Gebißstruktur, in der Anatomie der Verdauungsorgane und in der Nierenfunktion auffallend übereinstimmen, dann ist das für die Wissenschaft ein besonders eindrucksvolles Zeugnis für die Macht der konvergenten Evolution. Ein Vergleich zwischen Känguruhs und altweltlichen und nordamerikanischen Huftieren scheint weit hergeholt, doch es ist keine Frage, daß sie alle in ihren jeweiligen Wüstenlebensräumen die gleiche Rolle als große pflanzenfressende Tiere spielen.

Auch in der Großen Sandwüste im Inneren Australiens sind ephemere oder einjährige Pflanzen die ersten Pioniere, welche die Sanddünen besiedeln und den Verfestigungsprozeß einleiten (unten).

Folgende Seite, oben: Ein ausgewachsener und zwei junge Kaninchenbeuteldachse (Macrotis lagotis). Diese Beuteltiere ernähren sich hauptsächlich von Termiten und Käferlarven, die sie mit ihren kräftigen Klauen aus dem Boden graben. Wenn sie schlafen, hocken sie zurückgelehnt auf ihrem Schwanz und stecken den Kopf zwischen die Vorderpfoten. Unten: Eine kleine Gruppe von Roten Riesenkänguruhs (Macropus rufus = Megaleia rufa) hat sich an einer der kostbaren Wasserstellen im Sturt-Nationalpark in Zentralaustralien eingefunden. Die meisten Wüstentiere können ohne Trinkwasser auskommen, trinken aber gern, wenn es ihnen zur Verfügung steht.

Das Bergkänguruh (Macropus robustus), oben, ist im felsigen Bergland der australischen Wüsten häufig anzutreffen. Wenn es Zugang zu Höhlen oder Felsvorsprüngen hat, wo es Schatten findet und den Wasserverlust verringern kann, braucht es kein Trinkwasser. Doch wenn solche Schattenplätze fehlen oder unzureichend sind, sucht es während der Trockenzeit in regelmäßigen Abständen Wasserlöcher auf.

Vor rund 110 Jahrmillionen haben sich die Säugetiere in zwei große Gruppen aufgespalten. Die eine Gruppe umfaßt die Plazentatiere, zu denen die meisten heute lebenden Säuger zählen. Die Nachkommen der Plazentatiere bleiben wochen- oder monatelang im Mutterleib, bis ihre Entwicklung weit fortgeschritten ist. Bei vielen Arten haben die Jungen bei der Geburt bereits die Augen offen, und ihr Körper ist vollständig von Haaren bedeckt; innerhalb von wenigen Stunden oder sogar Minuten können sie ihrer Mutter auf eigenen Beinen folgen.

Zur zweiten Säugergruppe gehören die Beuteltiere. Bei ihnen bemißt sich der Aufenthalt der Nachkommen im Mutterleib nur nach Tagen. Bei der Geburt sind sie noch so unvollkommen entwickelt, daß man sie für Embryonen im Frühstadium halten möchte. Aber sie sind immerhin schon imstande, durch das Bauchfell der Mutter in deren »Beutel« zu krabbeln, wie man die Brutpflegetasche der weiblichen Beuteltiere volkstümlich nennt. Hier saugen sie sich mit der Mundöffnung an einer Zitze fest, aus der ihnen das Muttertier reflektorisch die notwendige Milch einspritzt. Den größten Teil der Tragzeit verbringen also die Jungen im Beutel; das Verlassen des Beutels entspricht der Geburt bei den Plazentatieren.

Ein Beuteltier der australischen Wüste, das Rote Riesenkänguruh *(Macropus rufus = Megaleia rufa),* wird ungefähr so groß wie ein Mensch. Doch im Gegensatz zur menschlichen Leibesfrucht bleibt der Känguruhembryo nur 33 Tage im Mutterleib. Sein Geburtsgewicht beträgt weniger als ein Gramm. Die Augen sind noch unentwickelt und die Hinterbeine bloße Knospen. Aber die Vorderfüße sind bereits so gut ausgebildet, daß der Winzling den Weg zum mütterlichen Beutel zurücklegen kann, wo er instinktiv eine Zitze findet. Wenn er nach etwa acht Monaten den Beutel endgültig verläßt, ist er vollständig behaart und kann mit seiner Mutter umherziehen.

In Australien hat man keinerlei Fossilien von Plazentatieren entdeckt, so daß der Kontinent offenbar schon seit der Zeit, als er noch ein Teil von Gondwanaland war, von Beuteltieren bewohnt ist. Das bedeutet, daß die australischen Beuteltiere eine eigenständige Entwicklung durchgemacht haben, unabhängig von den Plazentatieren in der übrigen Welt. Ein besseres Beispiel für ein stammesgeschichtliches Auseinanderstreben – für eine divergente Evolution – gibt es nicht. Gleichwohl haben Beuteltiere und Plazentatiere gleichgerichtete Anpassungen an ähnliche Lebensbedingungen entwickelt, die zu einer erstaunlichen Ähnlichkeit im Aussehen, im Körperbau und in den physiologischen Merkmalen geführt haben.

Paradebeispiele für diese Konvergenz sind die mittelgroßen Beutegreifer. In den afrikanischen und asiatischen Wüstenregionen sind die hundeartigen Raubtiere durch Wölfe, Schakale und Füchse vertreten, in Nordamerika durch Kojoten und Wölfe. Das australische Beuteltierpendant zu dieser Gruppe ist der Beutelwolf *(Thylacinus cynocephalus),* der einst über den gesamten Kontinent verbreitet war, bis er von den frühen Siedlern ausgerottet wurde, so daß er heute in sehr geringer Zahl nur noch auf der vorgelagerten Insel Tasmanien vorkommt. Erst wenn man seine Unterseite inspiziert und die Bruttasche entdeckt, ist man überzeugt, daß man es bei diesem »Wolf«, dessen Gestalt und Gebiß ausgesprochen hundeähnlich wirken, tatsächlich mit einem Beuteltier zu tun hat.

Ein anderes Beuteltier, das Bergkänguruh *(Macropus robustus),* bewohnt vorzugsweise die felsige Wüstenlandschaft Ostaustraliens und füllt somit die gleiche ökologische Nische aus wie das Mähnenschaf in Nordafrika, der Steinbock in Afrika und Vorderasien, das Argali in Innerasien und das Wüsten-Dickhornschaf in Nordamerika. Wie diese Tiere weicht auch das Bergkänguruh einer Überhitzung aus, indem es sich in den Schatten von Felshöhlen und Felsvorsprüngen zurückzieht.

Weil es auf eine solche Geländeform angewiesen ist, gilt es als ein sehr standorttreues Tier, das sein rauhes Terrain nur selten verläßt. Doch wegen seiner Standorttreue muß es sich auch mit dem Nahrungsangebot seiner näheren Umgebung begnügen, das in Dürrezeiten oft sehr bescheiden ist.

Die Roten Riesenkänguruhs sind dagegen Tiere des offenen Geländes, so wie die Dorkas- und Dünengazellen Afrikas und Vorderasiens, die Kropfgazellen Vorder- und Mittelasiens und die Gabelböcke Nordamerikas. Gleich ihnen lebt das Riesenkänguruh nomadisch; es ist geselliger als das solitäre Bergkänguruh und zieht gewöhnlich in kleinen Herden umher. Seine Vorliebe für offenes Gelände bringt natürlich das Risiko einer Überhitzung mit sich. Deshalb erzeugt es durch Hecheln und Belecken der Vordergliedmaßen eine gewisse Verdunstungskälte. Die dadurch verlorengehende Feuchtigkeit ersetzt das Riesenkänguruh durch die Aufnahme von frischem Grünfutter mit hohem Wassergehalt. Dank seiner nomadischen Lebensweise steht ihm solche Nahrung immer zur Verfügung.

Es gibt noch weitere Parallelen zwischen den Känguruhs und den außerhalb Australiens lebenden Huftieren. Die frühesten Säugetiere besaßen 40 bis 56 scharfe, nadelspitze Zähne zum Zerkleinern ihrer tierischen Nahrung. Im Laufe einer unabhängigen, aber konvergenten Evolution, die sich über viele Jahrmillionen hinzog, haben sowohl die Känguruhs als auch die alt- und neuweltlichen Huftiere ihre Schädel- und Gebißform so verändert, daß sich eine geringere Zahl von abgeflachten Zähnen ergab, die sich zum Zerkauen derber Pflanzenkost besser eigneten. Die Konvergenz in der Anatomie des Magens zur Verdauung einer solchen Nahrung ist ebenso unverkennbar.

Auch andere australische Wüstenbeutler haben ihre ökologischen Entsprechungen unter den wüstenbewohnenden Plazentatieren in anderen Erdteilen. Das Westliche Hasenkänguruh *(Lagorchestes conspicillatus),* das von den frühen europäischen Siedlern so genannt wurde, weil es in Größe und Verhalten den altweltlichen Hasen so sehr ähnelt, ist das Gegenstück des nordamerikanischen Eselhasen und der afrikanischen und asiatischen Wüstenhasen. Es ernährt sich von Pflanzenstoffen und legt »Sassen« unter Sträuchern oder Spinifexbüscheln an. Bei Gefahr fährt das anmutige Hasenkänguruh aus seinem Lager und flüchtet mit hoher Geschwindigkeit, nicht anders als seine plazentalen Pendants in der nördlichen Hemisphäre.

Im Unterschied zu den echten Mäusen ist die Dickschwänzige Beutelspitzmaus *(Sminthopsis crassicaudata)* ein Fleischfresser, der hauptsächlich von Insekten lebt. Seinen Namen verdankt das Tierchen seinem karottenförmigen Schwanz, der als Fettspeicher dient und in Zeiten der Dürre oder Nahrungsknappheit auf Normalumfang abmagert. In diesem Punkt ist die Beutelspitzmaus den afrikanischen Fettschwanzmäusen vergleichbar. Die australische Beutelspringmaus Wuhl-Wuhl *(Antechinomys spenceri)* ist ein zierliches, mausgroßes Geschöpf mit einer spitzen Schnauze und einem langen Schwanz, der am Ende ein Haarbüschel trägt. Es ist ein entzückender Anblick, wenn sich das Tierchen auf die Hinterbeine stellt, um seine Umgebung zu inspizieren. Die Beutelspringmäuse beherrschen das »Zickzackspringen« ebenso meisterhaft wie die nordamerikanischen Taschenspringer oder die Wüstenspringmäuse der Alten Welt; sie benutzen den Schwanz als Steuerruder, um ihre Bewegungsrichtung im rechten Winkel zu ändern.

Zu den merkwürdigsten Bewohnern der australischen Wüstengebiete gehört der Kaninchenbeuteldachs *(Macrotis lagotis).* Dieses Tier, das etwas kleiner bleibt als eine Hauskatze, scheint aus übriggebliebenen Einzelteilen zusammengesetzt zu sein. Seine langen »Kaninchenohren« haben zweifellos die Aufgabe, überschüssige Körperwärme abzu-

Die Dickschwänzige Beutelspitzmaus (Sminthopsis crassicaudata), oben und rechts, ist kein Nagetier, sondern ein winziges, mausgroßes Beuteltier. Der Schwanz dient als Fettspeicher, der sich in regen- und nahrungsreichen Zeiten vergrößert und in Dürreperioden zusammenschrumpft. Im Gegensatz zu den meisten echten Mäusen sind die Dickschwänzigen Beutelspitzmäuse der australischen Trockenräume Fleischfresser, die von Insekten und anderen Wirbellosen leben.

strahlen. Die langen, kräftigen Krallen der Vorderpfoten verraten, daß das Tier ein gewaltiger Gräber ist, vergleichbar den europäischen und nordamerikanischen Dachsen. Die langausgezogene Spitzschnauze und der langbehaarte Schwanz, der in der Mitte schwarz und am Ende weiß ist, vervollständigen das bizarre Erscheinungsbild dieses Tiers. Kaninchenbeuteldachse graben ein bis zwei Meter tiefe Baue mit spiralig verlaufenden Gängen. Der Eingang befindet sich häufig unter einem Spinifexbüschel, und das Revier eines Einzeltiers kann von zahlreichen Bauen durchzogen sein. Wie der echte Dachs wandert auch der Kaninchenbeuteldachs zwischen seinen Bauen hin und her, und er schläft jede Nacht in einem anderen.

Einwanderer aus aller Welt

Als Australien seine Nordostdrift in Richtung Südostasien beendet hatte und das Eiszeitalter anbrach, ging auch für seine Fauna eine fünfzig Jahrmillionen lange isolierte Evolution zu Ende, und aus anderen Teilen der Welt wanderten Plazentatiere zu. Die mehr als hundert-

Folgende Seite: Der wunderschöne Inkakakadu (Cacatua = Kakatoe leadbeateri) ist in den Trockengebieten Australiens allgemein verbreitet. Seine Nahrung besteht vor allem aus Sämereien, Früchten und Wurzeln.

fünfzig angestammten Beutlerarten mußten sich jetzt mit neuen Rivalen und Beutegreifern auseinandersetzen, aber auch mit der Veränderung ihres Lebensraums, den diese Neuankömmlinge bewirkten.

Die erste Einwanderungswelle bodenlebender Säugetiere kam während der Eiszeit aus Südostasien und bestand vorwiegend aus Nagern, Verwandten unserer modernen Wanderratten. Da die Evolution bei den Beuteltieren offenkundig kaum maus- oder rattengroße Pflanzenfresser hervorgebracht hatte, stand diesen Immigranten in Australien eine ökologische Nische offen. Sie wurden seßhaft und entwickelten sich zu interessanten Arten mit verschiedenen Anpassungserscheinungen, wie sie uns von anderen Wüstenregionen her vertraut sind.

Eine australische Rattenart *(Leporillus conditor)* baut aus Zweigen und Steinen ein Nest, das auf ebenem Boden ungefähr einen Meter hoch wird. In felsigem Gelände wird das Nest oft in Felsspalten oder unter Felsvorsprüngen angelegt. Dann gleicht es in Bauweise und Standort sehr den Nestern der ansonsten nicht näher verwandten Felsenratten in den Wüstengebieten Nordamerikas.

Die Spinifexhüpfmaus *(Notomys alexis)* ähnelt den afrikanisch-asiatischen Wüstenspringmäusen und den nordamerikanischen Taschenspringern insofern, als sie sich auf die bipedale Fortbewegung verlegt hat und lange Ohren und einen langen, mit einer Haarquaste versehenen Schwanz besitzt. Sie begnügt sich mit Samen und kommt ohne Frischwasser aus; ihr Harn ist so hoch konzentriert wie bei keinem anderen Säugetier, das wir kennen. Die Spinifexhüpfmaus hält sich tagsüber in ihrem unterirdischen Bau auf und kommt erst in der Nacht an die Oberfläche.

Spätere Neuzugänge, die einen größeren Einfluß auf die Beuteltierfauna ausübten, waren die prähistorischen Menschen und ihre Haushunde. Die Aborigines, wie man die australischen Ureinwohner nennt, trafen vor etwa 40000 Jahren aus Südostasien ein. In einem Zeitraum von 10000 bis 20000 Jahren folgten verschiedene Einwandererwellen, und mit einer oder mehreren gelangte auch der domestizierte Dingohund *(Canis familiaris)* nach Australien. Obwohl die Aborigines ein primitives Leben als Jäger und Sammler führten, kannten sie bereits Speere, Bumerange und das Feuer, und es gilt als ziemlich sicher, daß schon bald nach ihrem Eintreffen mehrere Beuteltierarten, darunter ein Riesenkänguruh, ein nashorngroßes, dem Wombat ähnliches Tier *(Diprotodon)* und der Beutelwolf, auf dem Kontinent ausgerottet worden sind. Doch im übrigen haben diese vorgeschichtlichen Stämme die Wildtierbestände nicht nachhaltig geschädigt.

Allerdings verwilderten die Dingos, die sich über den gesamten Erdteil ausbreiteten und zu einem Bestandteil der freilebenden Tierwelt wurden. Dingos sind Raubtiere, die Känguruhs, Kaninchen und anderen Tieren nachstellen. Als sie später dazu übergingen, gewohnheitsmäßig Schafe zu reißen, erregten sie den Zorn der Viehzüchter und wurden erbarmungslos verfolgt. Seitdem sich neuerdings der Naturschutzgedanke immer mehr durchsetzt, ist der Dingo in Australien zu einer umstrittenen Figur geworden – von den Farmern wird er verflucht und von den Naturfreunden verehrt.

Die bisher letzten Einwanderer, die Europäer, die im 19. Jahrhundert mit ihren Haus- und Wildtieren ankamen, haben die australische Fauna weit nachhaltiger verändert. Schon bald blühte eine umfangreiche Viehwirtschaft auf, und die Vegetation wurde vor allem durch Schafe und Rinder stark überweidet. Zahllose Haustiere – Pferde, Dromedare, Wasserbüffel, Ziegen, Schweine und Katzen – verwilderten, was verheerende Folgen sowohl für die Vegetation als auch die einheimische Tierwelt hatte. Europäische Wildtiere, zumal Füchse *(Vulpes vulpes)* und Kaninchen *(Oryctolagus cuniculus),* wurden eingeführt und ausgesetzt und vermehrten sich in bedrohlichem Maße.

Nächstfolgende Seiten: Die lautfreudigen australischen Zebrafinken (Poëphila guttata) zählen in aller Welt zu den beliebtesten Stubenvögeln. Außerhalb der Brutzeit schließen sie sich zu Schwärmen von 50 bis 100 Vögeln zusammen, die in der Wüste alltäglich Flüge zur nächsten Tränke unternehmen.

Die Vögel

Die Evolution der Vögel verlief in Australien ähnlich wie die der Säugetiere: Die Ahnenreihe vieler Arten reicht in die Gondwanaland-Zeit zurück, während zahlreiche andere eine ungewisse Vorgeschichte haben, aber offensichtlich schon seit sehr langer Zeit auf dem Kontinent heimisch sind. Die Vorfahren einiger Arten sind erst spät aus Südostasien zugewandert. Alle diese verschiedenen Vogelahnen waren ursprünglich keine Wüstenbewohner; die entsprechenden Anpassungen mußten erst nach und nach erworben werden.

Unter den urtümlichen Formen nimmt der 1,50 bis 1,80 m hohe Emu *(Dromaius novaehollandiae),* der zweitgrößte Vogel der Erde, eine Sonderstellung ein. Seine nächsten Verwandten sind der afrikanische Strauß und der südamerikanische Nandu. Alle diese Vögel sind flugunfähig und können sich somit nicht über die Ozeane hinweg ausgebreitet haben; sie sind also ein lebender Beweis dafür, daß die drei genannten Erdteile einstmals miteinander verbunden waren. Wie bei den Straußen und Nandus brütet auch bei den Emus der Hahn die Eier aus, nachdem das Weibchen sie abgelegt und verlassen hat. Er läßt das Gelege nur selten allein und nimmt während der achtwöchigen Brutzeit kaum Nahrung zu sich, so daß er bis zu acht Kilogramm abnimmt. Auch nach dem Schlüpfen betreut der Vater seine Jungen oft noch anderthalb Jahre lang. In dieser Zeit geht er im allgemeinen keine neue Ehe ein, und so kommt es, daß die meisten Emuhähne nur alle zwei Jahre Nachkommen zeugen.

Eine noch ungewöhnlichere Hinterlassenschaft der Gondwanaland-Epoche ist das Thermometerhuhn *(Leipoa ocellata),* ein Mitglied der Großfußhühnerfamilie, die hauptsächlich in Australien und Neuguinea vorkommt. Die Henne legt ihre Eier in einem vom Hahn errichteten Bruthügel ab, der aus Pflanzenteilen und Erde besteht und einen Durchmesser von vier bis fünf Meter und eine Höhe von anderthalb Meter hat. Wenn sie zwecks Eiablage den Hügel aufsucht, scharrt der Hahn eine Vertiefung in den Haufen, damit sie dort ihr Ei deponieren kann, das er hinterher wieder zudeckt. Das Weibchen legt jeweils nach einem Regenfall ein Ei ab, und in einem regenreichen Jahr kann sich demnach diese Prozedur dreißigmal wiederholen.

In dem Bruthaufen verrottet das feuchte Pflanzenmaterial und erzeugt dadurch die zum Ausbrüten der Eier notwendige Wärme. Der Hahn kontrolliert sehr sorgfältig die Temperatur dieses natürlichen Brutschranks, die bei etwa 33° C konstant gehalten werden muß. Wenn sie zu stark ansteigt, entfernt er einen Teil der Abdeckung. Sinkt sie ab, so fügt er weiteres Pflanzenmaterial hinzu oder bedeckt den Hügel mit Erde, welche die Wärme festhält. Nach rund 49 Tagen schlüpfen die Küken, die sich durch eine meterdicke Schicht hindurcharbeiten müssen, um ans Tageslicht zu gelangen. Die Eltern kümmern sich jetzt nicht mehr um sie. Doch während der gesamten Brutzeit hält sich der Hahn in unmittelbarer Nähe des Bruthügels auf. Er zeigt ein ausgeprägtes Territorialverhalten und vertreibt alle Eindringlinge.

Die erst in neuerer Zeit zugewanderte Australische Trappe *(Choriotis australis)* steht der afrikanischen Riesentrappe und der indischen Flaggentrappe sehr nahe. Wie so viele Wüstenvögel sind die Trappen und die Thermometerhühner Laufvögel, die am Boden leben und sich nur dann in die Luft erheben, wenn es unbedingt notwendig ist. Der Emu, der keine funktionsfähigen Flügel besitzt, gehört gleichfalls in diese Kategorie; er erreicht eine Laufgeschwindigkeit von 48 km/h.

Australien beherbergt wahrscheinlich einen höheren Anteil von nomadisch lebenden Wüstenvögeln als alle anderen Kontinente. Während des Sommerregens ziehen viele Emus nach Zentralaustralien und wandern in den Südwesten des Kontinents, sobald der Herbst- und

Vorhergehende Seite, oben: Die leuchtendbunte Scharlach-Ephthianura (Ephthianura tricolor) gehört zu den wanderfreudigsten australischen Wüstenvögeln. Sie legt große Entfernungen zurück, um Areale ausfindig zu machen, in denen Regen gefallen ist. Das napfförmige Nest dieser Art besteht aus Grashalmen und Zweigen und ist mit feinen Würzelchen und Haaren ausgepolstert.
Unten: Von den 25 Taubenarten, die den australischen Kontinent bevölkern, ist ein Drittel in ariden Gebieten zu Hause, unter anderem die Schopfwachteltaube (Geophaps = Lophophaps plumifera), die auf dem Boden in Spinifexbüscheln haust. Dank ihrem verlangsamten Stoffwechsel verringern sich ihr Nahrungsbedarf und die Geschwindigkeit, mit der ihre Körperwärme ansteigt. Schopfwachteltauben können zu Fuß weite Strecken zurücklegen.

Links: Der Stachelschwanz- oder
Steingecko (Diplodactylus ciliaris) hat
eine recht zarte Haut mit kleinen
körnchenförmigen Schuppen. Die
meisten Geckos sind Nachttiere; sie
haben keine Augenlider und
ungewöhnliche senkrechte Pupillen. Die
Zehen sind oft abgeplattet, mit
»Schwimmhäuten« oder Saugscheiben
versehen, die ihnen die Fortbewegung auf
glatten oder senkrechten Flächen oder
auch auf lockerem Sand erleichtern.

Oben links: Die Amphibien (Frösche,
Kröten, Salamander usw.) haben eine
weiche Haut, durch die leicht Wasser
verlorengeht, und sind deshalb in
Trockengebieten recht selten. Die
wenigen Arten, die sich dort halten
können, zum Beispiel dieser sogenannte
Katholikenfrosch (Notaden bennetti) aus
Zentralqueensland, verfügen über
verschiedene hochspezialisierte
Eigenschaften, die es ihnen ermöglichen,
die Trockenperioden zu überstehen.
Festumhüllter Laich, der im trockenen
Boden jahrelang am Leben bleiben kann,
eine Beschleunigung des Lebenszyklus
beim Vorhandensein von Wasser und die
Fähigkeit der Tiere, sich einzukapseln,
sind nur einige Formen dieser
Anpassung.

Oben rechts: Dieser westaustralische
Frosch, Cyclorana aeboguttatus, zeigt
zwei Anpassungsmechanismen, wie sie
für die Amphibien in ariden Gebieten
charakteristisch sind. Er hat sich in eine
feste Kammer aus Erdreich
zurückgezogen und eine Hülle
ausgeschieden, die seinen Körper
während der Trockenzeit umschließt.
Beides dient dazu, Wasserverluste zu
verhindern.

Winterregen einsetzt. Der ebenso seltene wie schöne Alexandra- oder Blaukappensittich *(Polytelis alexandrae)* ist ein regelrechtes Wüstenphantom. Ein Paar oder eine kleine Gruppe dieser pastellfarbenen Papageien kann plötzlich irgendwo auftauchen und brüten, und dann verschwinden die Vögel mitsamt ihren Jungen und lassen sich womöglich zwanzig Jahre lang nicht mehr in dieser Gegend blicken.

Eine andere bemerkenswerte Anpassung der australischen Wüstenvögel ist die Abstimmung des Fortpflanzungsverhaltens auf die Regenperioden. Nach einem Regenfall beginnen viele Vogelarten zu brüten, ohne Rücksicht auf die Jahreszeit. Die kleinen bunten Zebrafinken *(Poëphila guttata)* widmen sich schon einen oder zwei Tage nach einem Sturm dem Brutgeschäft. Die Schopfwachteltauben *(Geophaps = Lophophaps plumifera),* die Trappen und allbekannten Wellensittiche *(Melopsittacus unduatus)* reagieren fast ebenso schnell.

Die Trockenräume weisen keine so vielfältige Vogelfauna auf wie die Wälder, weil die bescheidene Vegetation weniger Nistgelegenheiten, Nahrung und Ruheplätze zu bieten hat. Im allgemeinen sind auch die wüstenbewohnenden Gefiederten nicht sonderlich farbenprächtig und attraktiv. Nur die australischen Wüstenvögel sind eine Ausnahme von dieser Regel, zumal die zahlreichen Papageienarten, die es an Farbenreichtum mit jeder anderen Vogelgruppe aufnehmen können.

Die Reptilien

Die Reptilien Australiens haben eine ganz andere stammesgeschichtliche Entwicklung durchgemacht als die Säuger und Vögel. Über die Hälfte der australischen Landsäuger besteht aus Beuteltieren, deren Ursprünge auf die Gondwanaland-Zeit zurückgehen, und die übrigen sind Abkömmlinge jener Plazentatiere, die erst sehr viel später aus Südostasien zugewandert sind. Wie die Beuteltiere läßt sich auch ein sehr großer Prozentsatz der Vögel bis in die Frühzeit zurückverfolgen, oder es handelt sich um Arten unbekannten Ursprungs, die sich schon vor langer Zeit auf dem isolierten Kontinent Australien entfaltet haben. Nur sehr wenige Vogelarten sind offensichtlich erst in neuerer Zeit aus Südostasien eingetroffen.

Ganz anders verhält es sich mit den Reptilien, die sich zum größten Teil von südostasiatischen Stammformen herleiten und relativ spät nach Australien gelangten. Sie haben sich nicht in der Isolierung entwickelt und mußten sich erst an die australischen Wüstenbedingungen anpassen. Da die ektothermen Reptilien so stark von der Umwelttemperatur abhängen, können sie in hohen, kalten Breiten nicht gedeihen. Als die australische Arche von der antarktischen Zone nach Norden in tropische Klimabereiche driftete, beherbergte sie wahrscheinlich nur noch kümmerliche Reste der einstigen Reptilienfauna.

Obwohl die Echsen der australischen Trockengebiete erst so spät zugewandert sind, haben sie hier eine größere Vielfalt entwickelt als in allen anderen Wüstenregionen. Von den kleinen Skinken und Geckos, die nicht einmal fünf Zentimeter lang werden, bis zum zwei Meter langen Riesenwaran *(Varanus giganteus)* sind in Australien alle Größenordnungen vertreten. Ebenso mannigfaltig sind die Körperformen und Farben. Die meisten Echsen führen ein räuberisches Leben; die kleineren ernähren sich von Insekten, die größeren von anderen Reptilien, von Vögeln und kleinen Säugetieren. Die großen Arten benehmen sich, wenn sie gereizt werden, recht angriffslustig und können kräftig zubeißen, sind allerdings nicht giftig. Gleich den Vögeln und Säugetieren zeigen die Echsen auch gegenüber ihren Artgenossen ein aggressives Verhalten, das sich freilich oft in stark ritualisierten Formen abspielt. Vielfach entscheiden Körpergröße, selbstsicheres Auf-

Folgende Seiten: Der mächtige und eindrucksvolle Gouldwaran (Varanus gouldii) kann als Inbegriff der australischen Wüstenreptilienfauna gelten. Warane spielen eine wichtige Rolle in der Kunst, den Ritualen und der Mythologie der Ureinwohner oder Aborigines. So ist der Tanz der Warane ein wesentlicher Bestandteil des Initiationszeremoniells bei vielen Eingeborenengruppen.

treten und scheinbare Wildheit darüber, wer in einem solchen Schau-kampf den Sieg davonträgt.

Viele Echsenarten haben Verhaltensformen und anatomische Merkmale entwickelt, die sie größer erscheinen lassen, als sie tatsächlich sind. Der Gouldwaran *(Varanus gouldii)* erhebt sich auf die Hinterbeine, wenn er einen Artgenossen bedroht, und erreicht dabei eine Höhe von fünfundzwanzig Zentimeter und mehr. Die Bartagame *(Amphibolurus barbatus)* besitzt eine von Hornstacheln gesäumte Hautfalte, die dicht hinter dem Kopf angewachsen ist. In Drohhaltung spreizt das Tier diesen »Bart« ab und richtet ihn nach vorne, so daß der Kopf viel größer und wie mit Stacheln bewehrt wirkt. Die Bartagame versteht es, der extremen Hitze geschickt auszuweichen. In den australischen Trockengebieten kann man im Sommer um die Mittagszeit häufig Bartagamen beobachten, die sich etwa zwei Meter über dem Erdboden an waagerechte Äste anklammern.

Besonders eindrucksvoll ist das aggressive Schauverhalten der Kragenechse *(Chlamydosaurus kingii),* die zwar eigentlich in bewaldeten Gebieten zu Hause ist, aber sich manchmal in die Wüste vorwagt. Sie verfügt über einen breiten, kreisförmigen Hautkragen, der normalerweise zusammengefaltet und dicht an den Körper angelegt getragen wird. Doch wenn die Echse ihre Drohhaltung einnimmt, stellt sie ihren Kragen ab, der dann wie eine zwölf bis fünfzehn Zentimeter große Scheibe den Kopf umrahmt. Außerdem streckt das Tier seine Beine, um sich so hoch wie möglich aufzurichten, und droht seinen Widersacher mit offenem Maul und gebleckten Zähnen an.

Viele australische und nordamerikanische Wüstenechsen gleichen einander in ökologischer und anatomischer Hinsicht. Der australische Dornteufel oder Moloch *(Moloch horridus)* entspricht sowohl in seiner Erscheinung als auch in seinem Verhalten den nordamerikanischen Krötenechsen *(Phrynosoma).* Beide ernähren sich von Ameisen. Eine weitere auffällige Parallele besteht zwischen den australischen Tannenzapfen-Skinken *(Tiliqua rugosa)* und den mexikanischen Krustenechsen. In beiden Fällen handelt es sich um große, träge und schwergewichtige Tiere mit kurzen, schwachen Beinen, die ihren Leib kaum vom Boden abheben, wenn sie schwerfällig umherstapfen.

Die Eidechsen der australischen Sandwüsten haben sich auf die gleiche Weise an das Leben im Sand angepaßt wie die Eidechsen in der Sahara und Namib. Viele wühlende Skinkarten haben die Fähigkeit erworben, buchstäblich durch den Sand zu schwimmen. Die Beine sind stark zurückgebildet und oft funktionsunfähig. Bei einer Art, *Anomalopus lentiginosus,* sind die Gliedmaßen so winzig, daß man schon genauer hinsehen muß, wenn man sie überhaupt erkennen will. Die Skinke besitzen überdies in ihren Augenlidern ein transparentes Häutchen, so daß sie beim Wühlen im Sand selbst mit geschlossenen Augen sehen können.

Australien beherbergt auch eine reiche Schlangenfauna, die zu zwei Dritteln der Familie der Giftnattern *(Elapidae)* angehört, deren bekanntere Vertreter die Kobras Afrikas und Asiens und die amerikanischen Korallenottern sind. Da alle Giftnattern über vorderständige Giftzähne verfügen, ist ein hoher Anteil der australischen Schlangen auch für den Menschen gefährlich. Die sehr aggressive und gefährliche Giftnatter *Pseudonaja nuchalis* ist eine der häufigsten wüstenbewohnenden Schlangen und erreicht eine Länge von 1,50 m. Auch untereinander benehmen sich Schlangen aggressiv. Die genannte Giftnatter spreizt wie die Brillenschlange ihre Halsrippen auseinander, um bei einer Auseinandersetzung größer zu erscheinen.

Anhang

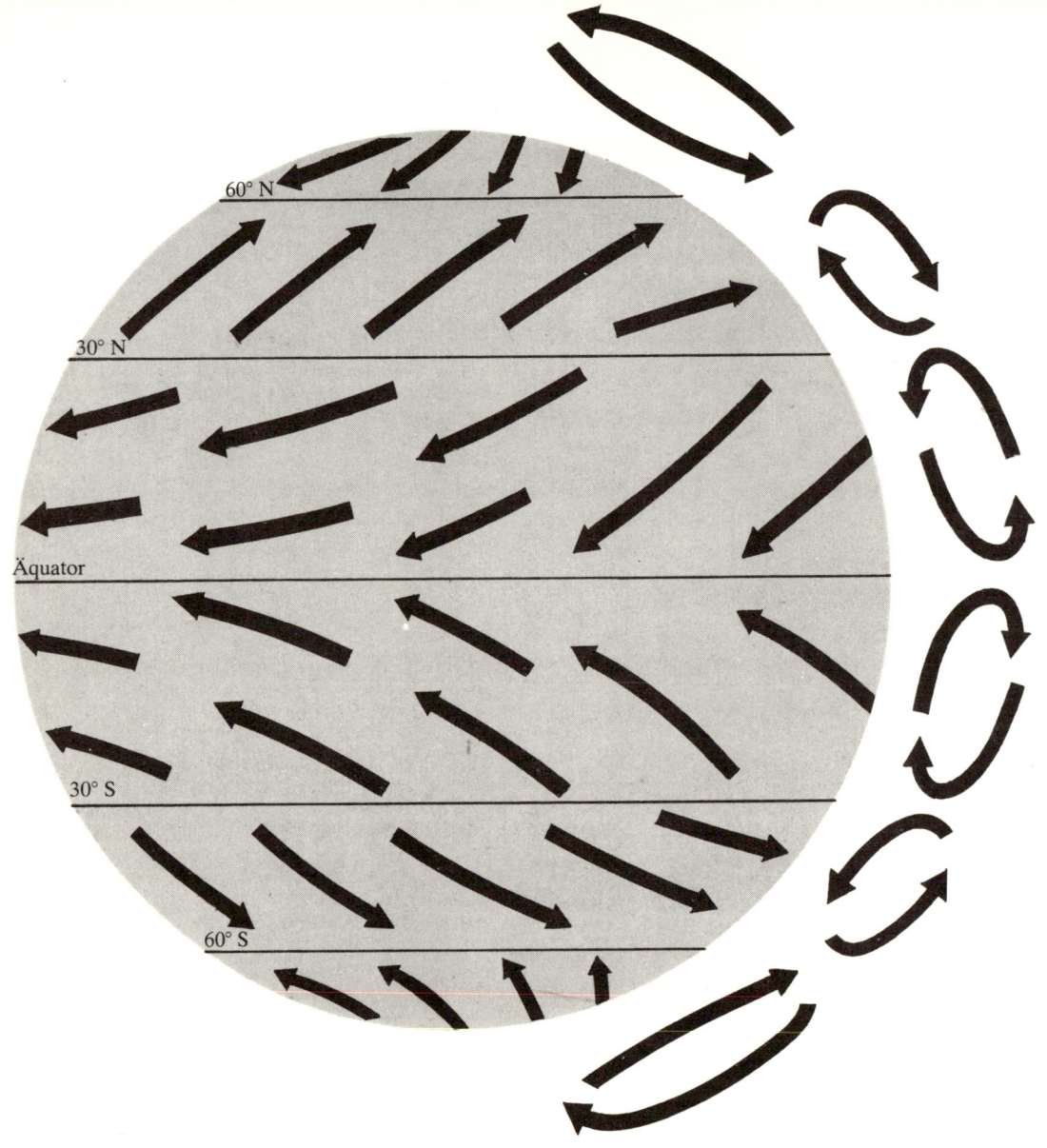

DER EINFLUSS DES LUFTSTROMSYSTEMS AUF DIE ENTSTEHUNG VON WÜSTENKLIMAZONEN

Durch das Zusammenwirken der größeren Sonnenenergiemenge und der schnelleren Erdumdrehung in Äquatornähe einerseits und geringerer Energie und verlangsamter Rotation an den Polen andererseits bilden sich in der Atmosphäre sechs große Luftzirkulationszellen, die unsere Erde umgeben. In einem Zellenpaar steigt die Luft am Äquator auf, fließt in größerer Höhe polwärts, sinkt über dem 30. Breitengrad ab und kehrt in Bodennähe zum Äquator zurück. In einem zweiten Paar fließt die beim 60. Breitengrad aufgestiegene Luft bis zum 30. Grad, wo sie absinkt und auf der Erdoberfläche zum 60. Grad zurückströmt. Im dritten Paar steigt die Luft beim 60. Grad empor, fließt in der

Höhe zu den Polen, sinkt ab und kehrt als Oberflächenströmung zum 60. Breitengrad zurück (Abbildung oben und folgende Seite oben). Die Gebiete um den 30. Grad nördlicher und südlicher Breite, wo die Luft absinkt, werden als subtropische Hochdruckzonen bezeichnet. Mehrere große Wüstenregionen erstrecken sich in diesen regenarmen Gürteln. Die Oberflächenströme innerhalb der Zellen verlaufen in Nord-Süd- bzw. Süd-Nord-Richtung. Doch infolge der ungleichmäßigen Erdumdrehungsgeschwindigkeit werden sie zusätzlich nach Westen abgelenkt. Daraus ergibt sich auf der Nordhalbkugel eine Nordost-Südwest-Strömung zwischen dem

30. Breitengrad und dem Äquator, welche die vorherrschenden Ostwinde hervorbringt. Zwischen dem 30. und dem 60. Breitengrad strömt die Oberflächenluft von Südwesten nach Nordosten und wird zu den vorherrschenden Westwinden. Die von Nordosten nach Südwesten verlaufende Luftströmung oberhalb 60° erzeugt die polaren Ostwinde. Die Verhältnisse auf der Südhalbkugel sind ein Spiegelbild der hier beschriebenen Vorgänge (Abbildung oben).

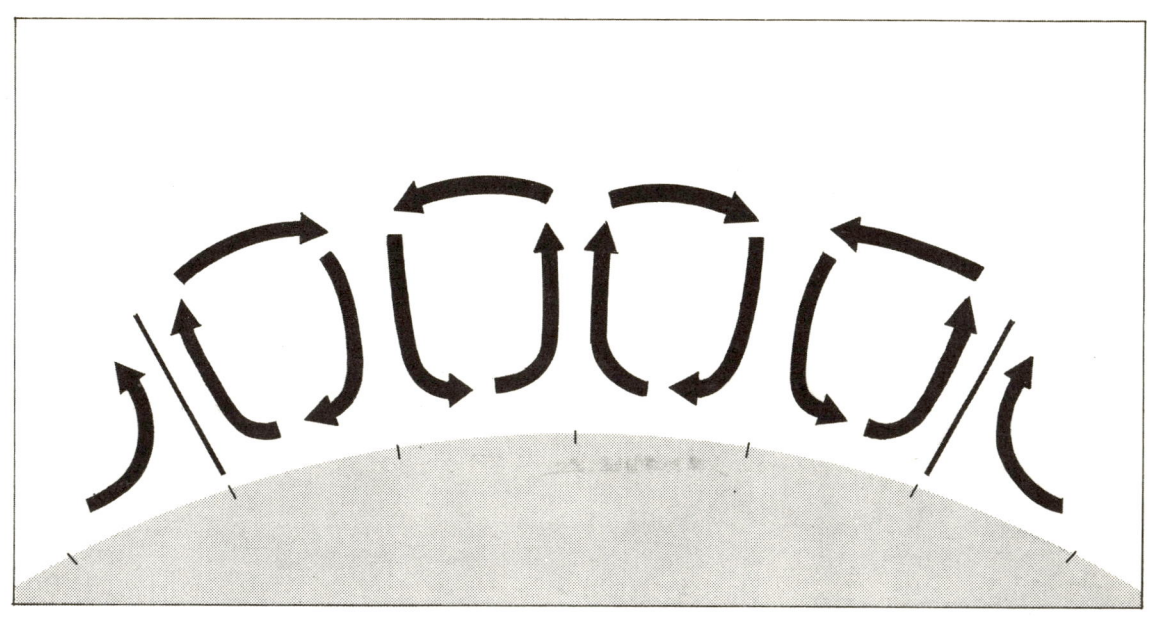

Vorherrschende Oberflächenwinde, die
von den Ozeanen aus in Richtung
Festland wehen, führen einen großen
Teil der Feuchtigkeit mit sich, die als
Regen auf die Landmassen niedergeht.
Wo solche auflandigen Winde
gezwungen werden, emporzusteigen
und Bergschranken zu überwinden,
kühlen sie sich ab und verlieren ihre
Feuchtigkeit in Form von
Niederschlägen. Wenn sie dann an den
leeseitigen Hängen als Fallwind
absinken und landeinwärts fließen,
werden sie warm und trocken. Die
Folge davon ist, daß das Land auf der
Leeseite von Gebirgsketten trocken ist;
es liegt im »Regenschatten«.
Die Wüstenregionen im
nordamerikanischen Großen Becken
und die Patagonische Wüste in
Südamerika sind solche
»Regenschattenwüsten« (Abbildung
unten).

Längs der Meeresküste können unter
bestimmten Umständen extrem
niederschlagsarme und zugleich kühle
und wolkige oder sogar neblige
Landschaften entstehen. In
Küstengebieten innerhalb der
subtropischen Hochdruckzonen sinkt
die Luft zur Oberfläche ab und erwärmt
sich. Dann bewegt sie sich übers Meer
als Ostwind nach Westen. Wenn hier
gleichzeitig ein kalter Meeresstrom zur
Oberfläche aufsteigt, kühlt dieser die
oberflächennahe Luftschicht ab und
erzeugt eine dünne Nebel- oder
Wolkenschicht (in der Abbildung unten
als gepunktete Fläche dargestellt).
Diese kalte Luft ist schwerer als die
Warmluft über ihr. Durch ihr Gewicht
wird sie an Ort und Stelle festgehalten;
sie kann nicht aufsteigen und sich nicht
weiter abkühlen und sich somit auch
nicht abregnen. Das Resultat ist eine
kühle und wolkenreiche, aber fast völlig

niederschlagsfreie Klimazone.
Derartige Küstenwüsten finden sich an
der Westküste von Chile, Peru und Baja
California sowie an der Südwestküste
Afrikas.

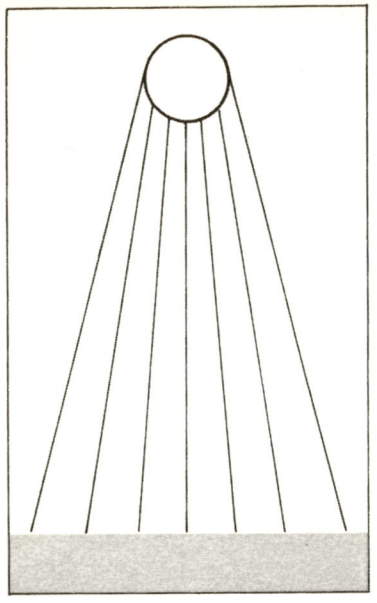
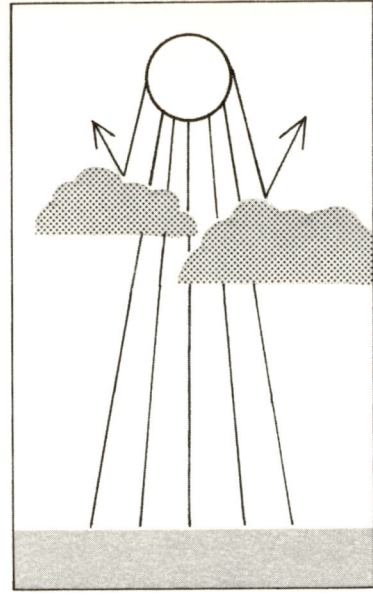

Folgende Seite oben: Grabende oder wühlende Tiere (Nager, Ameisen usw.) entgehen der mittäglichen Hitze in der Wüste, indem sie sich unter die Erde verziehen. Die Temperaturen sind am höchsten auf dem Boden, nehmen aber in den ersten Zentimetern oberhalb und unterhalb der Oberfläche abrupt ab. Wüstentiere reagieren außerordentlich empfindlich auch auf geringe Temperaturunterschiede. Wenn also eine Schlange einen niedrigen Strauch ersteigt, sind ihre Überlebenschancen viel größer, als wenn sie sich auf dem Boden aufhielte. Das Kamel verfügt über hohe Beine, die ihm nicht nur die Fortbewegung im lockeren Sand erleichtern, sondern auch seinen Rumpf bis zu einer Höhe anheben, wo die Lufttemperatur um 25 Grad niedriger ist als auf dem Boden. Die zahlreichen Greifvögel, Falken, Adler und Geier, kreisen in Aufwindsäulen hoch über dem Wüstenboden und erreichen dabei Höhen, in denen es 40 bis 50 Grad kühler ist.

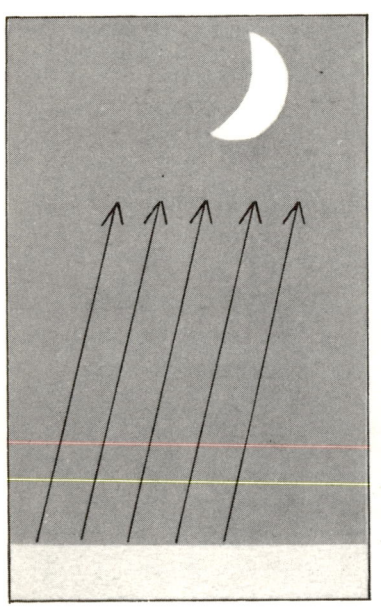
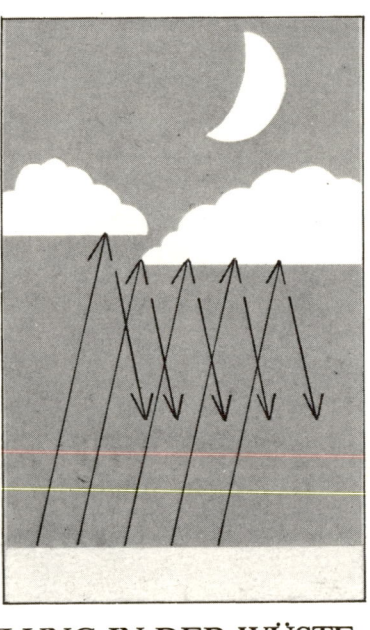

DIE SONNENEINSTRAHLUNG IN DER WÜSTE

In Wüstengebieten kann die Sonneneinstrahlung wegen der fehlenden Wolken und Luftfeuchtigkeit fast ungehindert bis zum Erdboden durchdringen und ihn erwärmen. In der Nacht wird diese Wärme wieder abgestrahlt, und auch dabei kann die Energie wegen der fehlenden Wolken und Feuchtigkeit mühelos entweichen, so daß sich der Boden stark abkühlt. Daraus ergeben sich sehr hohe Tages- und niedrige Nachttemperaturen (oben).

In feuchteren Gegenden fangen die Wolken und die Luftfeuchtigkeit einen großen Teil der einfallenden Strahlung ab; dadurch verringert sich die Einstrahlung, die auf den Boden auftrifft, und es können tagsüber keine extrem hohen Temperaturen entstehen.

In der Nacht fangen dieselben Wolken großenteils die Abstrahlung ab und reflektieren einen Teil wieder zur Erde zurück, so daß sich die nächtliche Abkühlung in Grenzen hält. Das Ergebnis sind geringere Temperaturschwankungen und weniger extreme Werte in diesen feuchten Klimazonen (oben).

Folgende Seite unten: Die Zeichnung veranschaulicht die Lufttemperaturen, die Bodentemperaturen des Sandes und die relative Luftfeuchtigkeit über einen Zeitraum von 24 Stunden in einem typischen Wüstenbiotop. Wenn die Sonne höher steigt und die Luft sich zu erwärmen beginnt, sinkt die relative Luftfeuchtigkeit, die während der Nacht auf etwa 50 Prozent angestiegen war, in der Hitze des Tages jäh auf Werte unter 20 Prozent ab. Die Temperatur des Sandbodens schnellt gegen Mittag in enorme Höhen empor; sie steigt von 30° C um 8 Uhr auf mehr als 80° C um 12 Uhr an. Diese täglichen Temperatur- und Feuchtigkeitsschwankungen in der Wüste sind die extremsten von allen Lebensräumen.

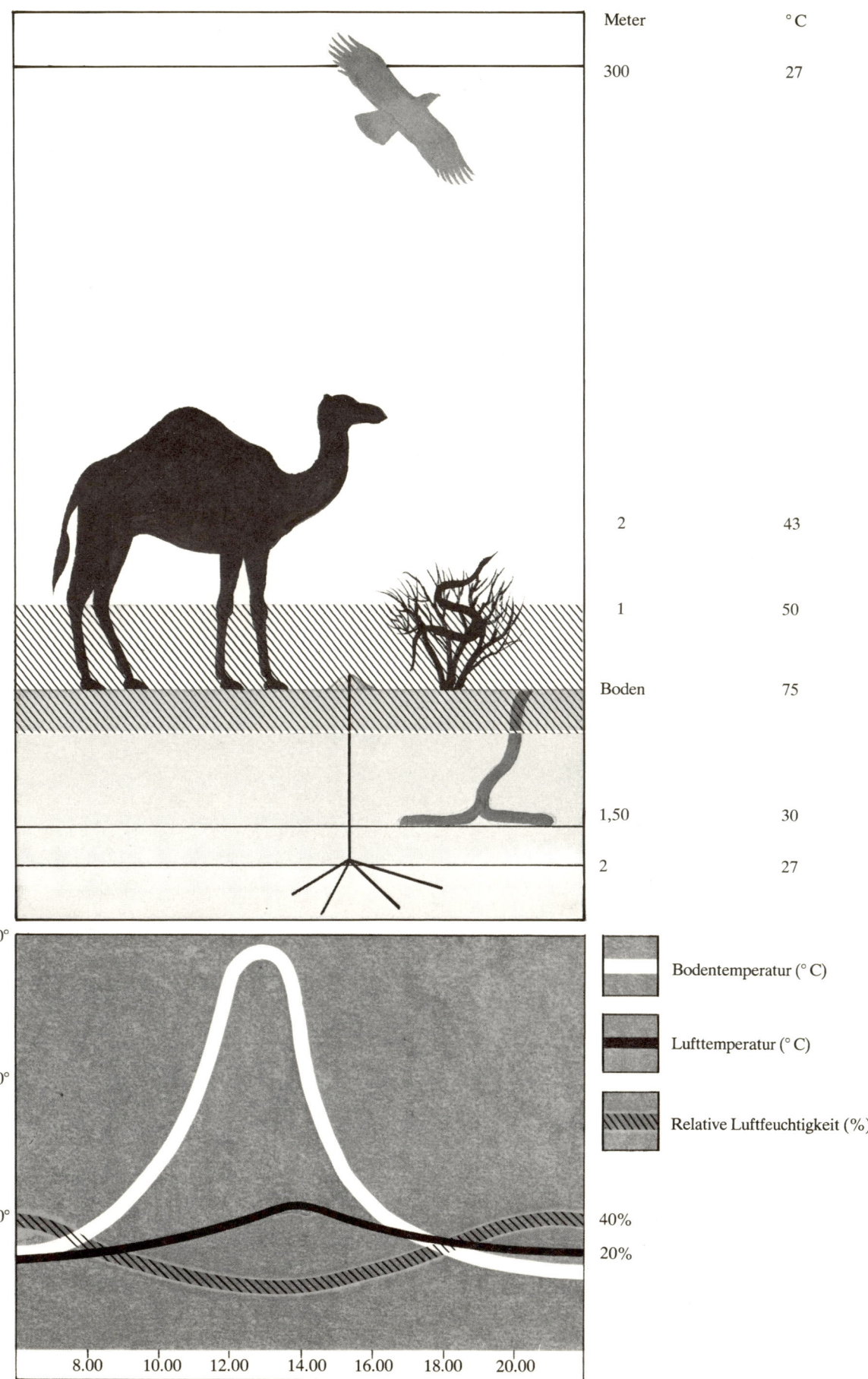

	Meter	°C
	300	27
	2	43
	1	50
	Boden	75
	1,50	30
	2	27

Bodentemperatur (° C)

Lufttemperatur (° C)

Relative Luftfeuchtigkeit (%)

LEBEN
UNTER DER ERDE

In der Wüste sind die Bodentemperaturen um die Mittagszeit in der Regel tödlich für jedes Tier, denn sie erreichen Werte von 60° C und mehr. Doch nur wenige Zentimeter unter dem Boden sind die Temperaturen wesentlich niedriger und auch sehr viel konstanter. Darüber hinaus hat die trockene, heiße Luft über dem Boden eine stark austrocknende Wirkung, während die relative Feuchtigkeit im Boden sehr viel leichter zu ertragen ist. Deshalb ziehen sich Wüstentiere, so wie die Bürstenschwanzspringmaus *(Paradipus ctenodactylus),* während der größten Tageshitze in ihren unterirdischen Bau zurück.

Das ökologische Äquivalent zu den Wüstenspringmäusen stellen in der Neuen Welt die Taschenspringer oder »Känguruhratten« *(Dipodomys)* dar. Sowohl Springmäuse als auch Taschenspringer bewegen sich auf den Hinterbeinen hüpfend wie Känguruhs fort. Diese Nagetiere verlassen ihren feucht-kühlen Bau nur am Abend zum Zwecke der Nahrungssuche, weil in der Nacht die klimatischen Bedingungen über der Erde weniger extrem sind. Springmäuse und Taschenspringer verfügen über ein sehr wirksames Verfahren der Wasserkonservierung – ihr Harn ist so stark konzentriert wie bei keinem anderen Säugetier. Sie benötigen normalerweise kein Trinkwasser, sondern begnügen sich ganz mit der Feuchtigkeit, die beim Stoffwechsel ihrer Nahrung entzogen wird.

Zahllose Insekten suchen gleichfalls Zuflucht unter der Erde. Eine besonders interessante Insektengruppe bilden die Honigameisen *(Myrmecocystus),* die im Süden der Vereinigten Staaten und in Mexiko heimisch sind. Bei diesen Ameisen hat sich eine bestimmte Kaste entwickelt, die man als »Honigtöpfe« bezeichnen könnte. Andere Arbeiterinnen stopfen diese Honigtöpfe mit flüssigen Kohlenhydraten, wenn bei feuchtem, kühlem Wetter reichlich Nahrung vorhanden ist. Die Honigtöpfe schwellen dann dermaßen an, daß sie sich kaum noch bewegen können und in den unterirdischen Kammern einfach an der Decke hängen. Von diesen lebenden Vorratskammern zehrt die gesamte Kolonie in Zeiten der Dürre und des Nahrungsmangels. Ein Nest in Arizona bestand aus Gängen, die insgesamt mehr als 14 Meter lang waren, und enthielt rund 1500 Honigtöpfe. Wahrscheinlich wegen des unsicheren Nahrungsangebots in Trockengebieten haben die

Bürstenschwanzspringmaus *(Paradipus ctenodactylus)*

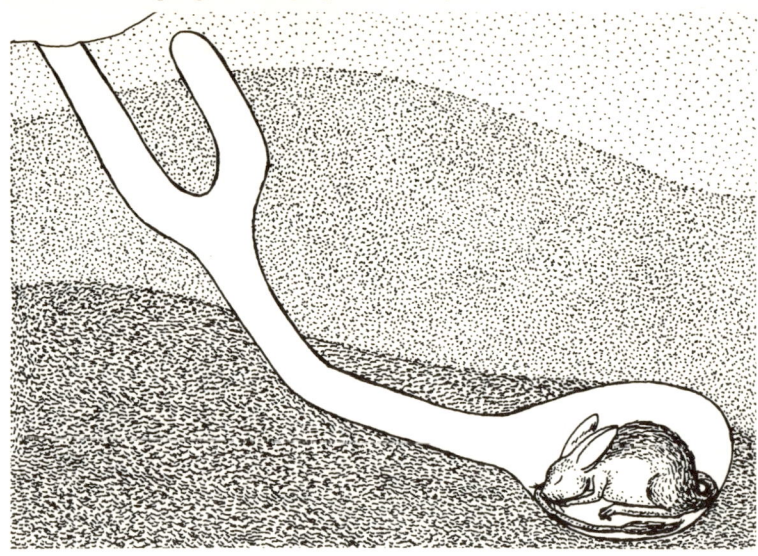

Taschenspringer *(Dipodomys* sp.*)*

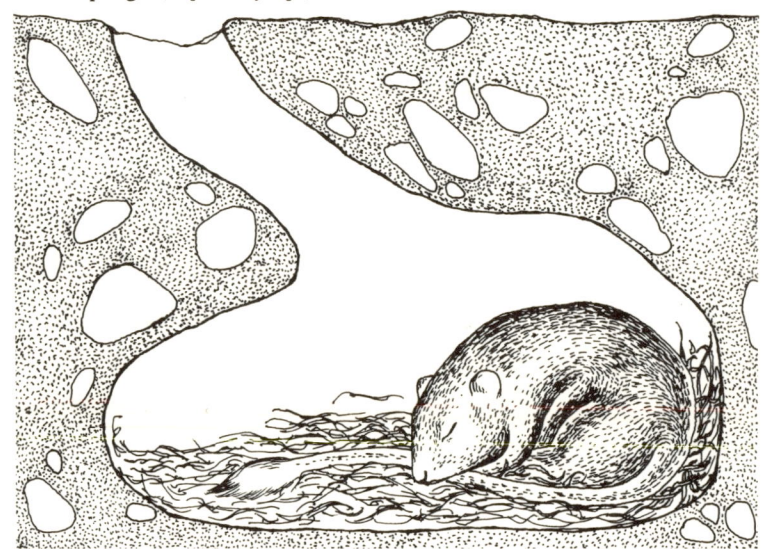

Honigameisen *(Myrmecocystus* sp.*)*

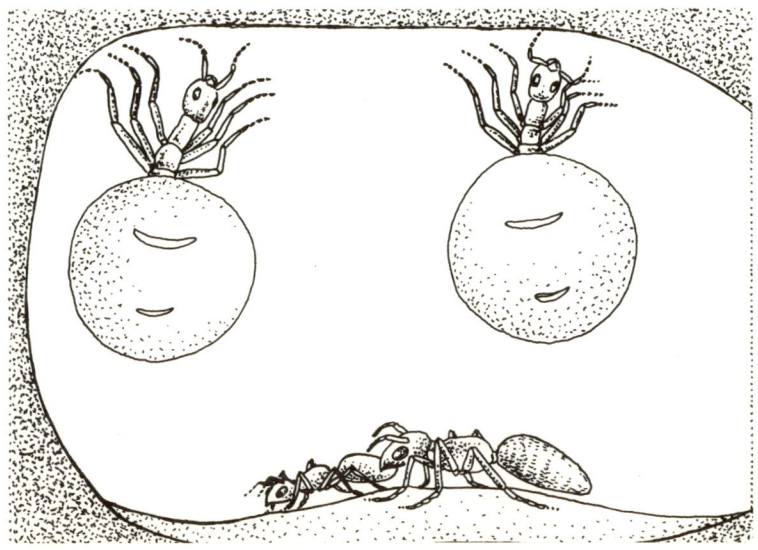

Honigameisen hier die höchste Entwicklungsstufe erreicht. Auch in Europa und Australien haben Ameisenarten unabhängig voneinander ähnliche »Honigtopfkasten« hervorgebracht. Der Honig dieser Tiere gilt vor allem bei den australischen Ureinwohnern als große Delikatesse. Spinnen aller Art sind in den meisten Wüstengebieten in großer Zahl vertreten. Im Licht eines Autoscheinwerfers leuchtet manchmal eine ganze Ansammlung von Spinnenaugen auf. Viele Arten, etwa die Falltürspinnen oder die australischen »Goldfeldspinnen« (Ixamatus), graben Wohnröhren. Alle diese Tiere spinnen aus ihrer Seide Türen und Türangeln, die so gut getarnt sind, daß man sie meist erst erkennt, wenn die Spinne sie betätigt. Wie andere Wüstenbewohner benutzen auch diese Spinnen ihre Röhren dazu, um sich dem lebensfeindlichen Wüstenklima zu entziehen. Vielfach dienen die Röhren auch anderen Tieren als Unterschlupf.

Ein weiteres Wüstentier mit grabender Lebensweise ist die Sandschabe (Arenivaga investigata) im Südwesten Nordamerikas. Dieses Insekt gräbt keinen offenen Tunnel, sondern taucht einfach in den lockeren Sand ein und »schwimmt« in ihm umher. Die Larven und die adulten Weibchen sind ungeflügelt und verbringen praktisch ihr ganzes Leben unter der Erdoberfläche. Die ausgewachsenen Männchen besitzen dagegen Flügel. Auch sie halten sich die meiste Zeit im Sand auf, kommen aber des Nachts hervor und fliegen umher. Die Sandschaben bewegen sich nachts dicht unter der Oberfläche, um Nahrung zu suchen, und hinterlassen dabei unverkennbare Rillen im Sand. Wie viele Wüstenbewohner haben diese Schaben die erstaunliche Fähigkeit, ihrer Umwelt Feuchtigkeit zu entziehen (sie gewinnen sogar Wasser aus dem Wasserdampf der ungesättigten Luft). Aber sie können auch wie alle Wüstentiere Wasserverlusten dadurch vorbeugen, daß sie ihre Aktivitätsphase in die günstigste Zeit und Umgebung verlegen.

Manche Wüstentiere verbringen fast ihr ganzes Leben unter der Erde, so zum Beispiel der zu den Beuteltieren gehörende Goldmull (Notoryctes typhlops) der australischen Sandwüsten. Dieser kräftige Wühler bewegt sich einfach durch den lockeren Sand auf der Suche nach vergrabenen Insekten, Knollen und anderer Nahrung. Merkwürdigerweise hat sich in Afrika ein ökologisch fast identischer goldener Maulwurf entwickelt, der allerdings ein plazentaler Säuger und kein Beuteltier ist.

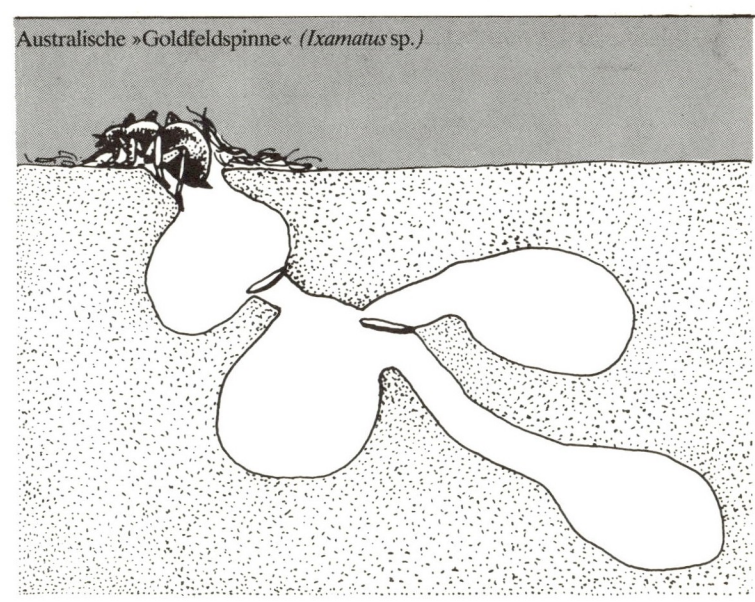

Australische »Goldfeldspinne« (Ixamatus sp.)

Sandschabe (Arenivaga investigata)

Goldmull (Notoryctes typhlops)

OASEN UND DER KREISLAUF DES WASSERS

Eine Oase ist ein Gebiet in der Wüste, das seine Fruchtbarkeit dem Vorhandensein von Wasser verdankt. In keiner Wüste fehlt Wasser vollständig. Selbst in den trockensten Regionen fällt hin und wieder Regen. Eine Oase ist jedoch auf eine kontinuierliche Zufuhr von Fließwasser angewiesen, das oft von der Quelle aus Hunderte von Kilometern zurücklegen muß. Wie aus der obigen Zeichnung hervorgeht, kann es sich bei dieser Quelle um Regen handeln, der auf der meerzugewandten Seite eines Gebirgszuges niedergeht. Das Regenwasser sickert in poröses Gestein (wasserführende Schicht) ein und wandert so lange, bis es auf eine Verwerfung stößt, die seine Abwärtsbewegung blockiert. Die

Verwerfung wird dann zu einer »Wasserleitung«. In Gestalt einer Verwerfungsquelle gelangt hier das Wasser an die Oberfläche und speist eine natürliche Oase.
Die Gesamtmenge des Wassers auf der Erdoberfläche bleibt stets gleich, doch die kleine Menge, von der das Leben abhängt, ist ständig in Bewegung. Der Wasserkreislauf ist ein unaufhörlicher Vorgang. Er beginnt mit dem Regen, der auf dem Berghang niedergeht. Das Regenwasser fließt zum größten Teil oberflächlich ab und bildet Flüsse und Bäche, die zu Tale strömen. Ein Teil des Wassers wird von Seen und Teichen aufgefangen. Doch einiges Wasser dringt auch in die Erdkruste ein und verteilt sich als Grundwasser, das, wie gesagt, den Oasen ständig Feuchtigkeit

zuführt. Schließlich kehrt alles Wasser, das in Form von Regen auf die Erde niedergegangen ist, ins Meer zurück. Das von Pflanzen und Tieren verwertete Wasser wird von den Blättern der Vegetation durch Transpiration und von den Tieren durch Respiration wieder an die Atmosphäre abgegeben. Auch von Wasseroberflächen verdunstet unaufhörlich Wasser. Der Wasserdampf wird vom Wind verweht, es bilden sich Wolken, der Niederschlag setzt ein, und so schließt sich der Kreislauf des Wassers.

Lebenszyklus des Schaufelfußes *(Scaphiopus* sp.)

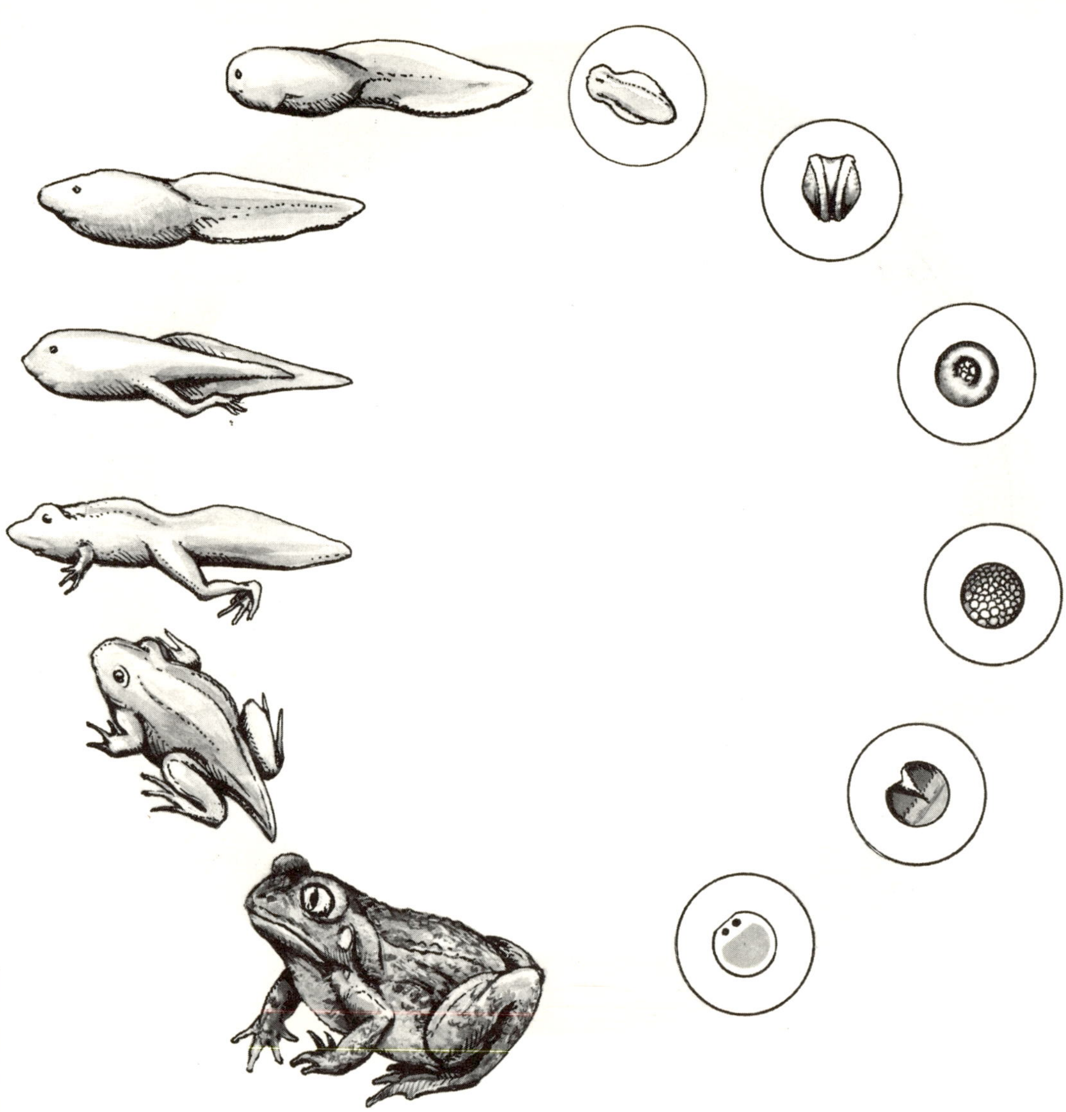

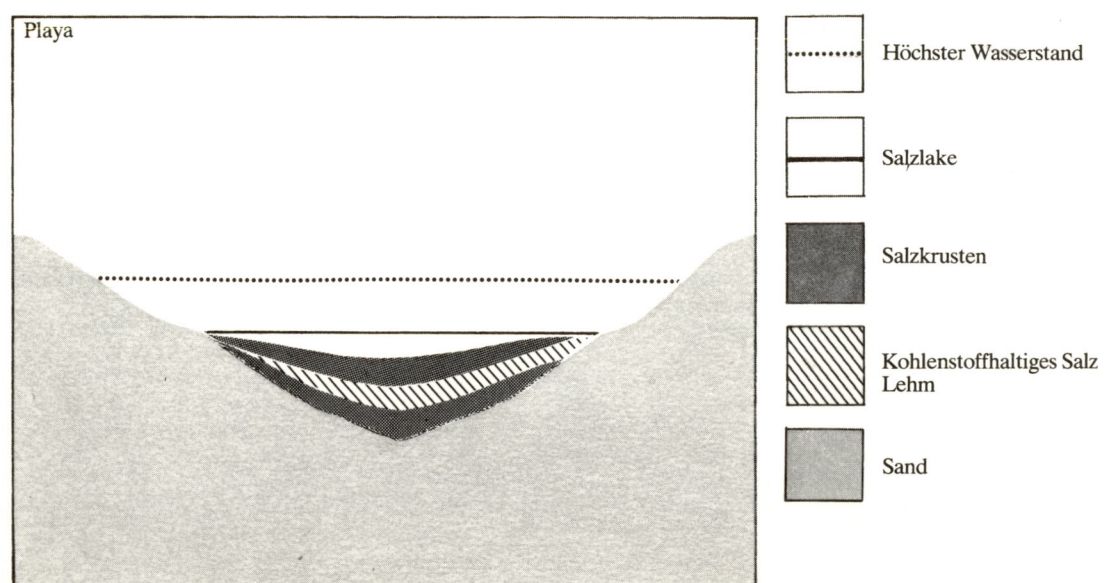

Playa

Höchster Wasserstand

Salzlake

Salzkrusten

Kohlenstoffhaltiges Salz
Lehm

Sand

Salinenkrebschen *(Artemia salina)*

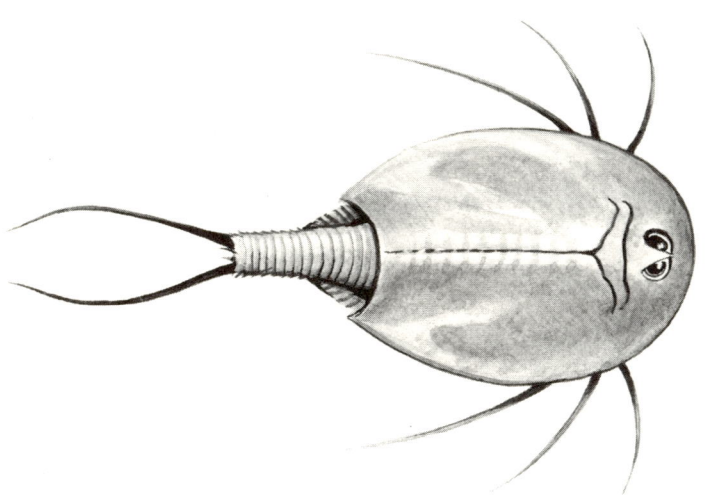

Feenkrebschen *(Eubranchopus vernalis)*

Kiemenfuß *(Triops* sp.*)*

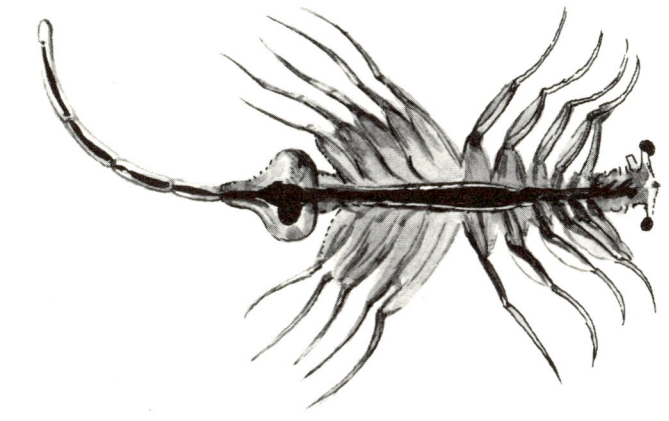

EPHEMERE GEWÄSSER – EIN VERGÄNGLICHER LEBENSRAUM

Für wasserlebende Organismen scheint in der Wüste kein Platz zu sein. Doch wenn auf das ausgedörrte Land die seltenen heftigen Regengüsse niedergehen, füllen sich die Trockenseen mit kostbarem Wasser, und in ihnen erwacht fast im selben Augenblick neues Leben. Da diese Gewässer schon bald wieder verschwinden, müssen ihre Bewohner ihren Lebenszyklus sehr stark beschleunigen. Aus den winzigen Eiern verschiedener Krebstiere, die monatelang, manchmal sogar 25 oder 50 Jahre lang in der Salzkruste der Trockenseen oder Playas geruht haben, schlüpfen mikroskopisch kleine Larven aus. Auf ähnliche Weise beginnen jetzt auch mehrere Algenarten zu wachsen und sich zu teilen, um von den frisch geschlüpften Krebschen verspeist zu werden, die ihrerseits rasch heranwachsen, sich paaren und ihre Eier ablegen, bevor das Wasser verdunstet. Solche Krebstiere, wie beispielsweise das kosmopolitische Salinenkrebschen *(Artemia salina)*, ertragen oder verlangen sogar die hohen Salzgehalte und Temperaturen der ephemeren Wüstengewässer. Die genannte Art gedeiht in Wasser, das sehr viel salziger ist als das salzigste Meerwasser. Das Feenkrebschen *(Eubranchopus vernalis)* kommt im Süßwasser vor, oft in kurzlebigen Felsentümpeln. Die Kiemenfüße der Gattung *Triops* leben ebenfalls in ephemeren Binnengewässern und ernähren sich hauptsächlich von Abfallstoffen (Detritus).

Die riesigen Trockenseen Inneraustraliens füllen sich nur ein- oder zweimal in einem Jahrhundert mit Wasser, doch dann finden sogar Enten und Seevögel den Weg in die Wüste, wo sie von den Krebstierchen leben und auch brüten.

Während diese Krebschen in Form von Eiern überdauern, überstehen die wüstenbewohnenden Frösche und Kröten Dürreperioden als Alttiere, die tief im Boden ruhen, eingeschlossen in eine gallertige Hülle. Der Schaufelfuß *(Scaphiopus),* ein Krötenfrosch, gräbt sich mit Hilfe der hornigen Fortsätze an den Hinterbeinen rückwärts ein, scheidet seine Schutzhülle aus, um Wasserverlusten vorzubeugen, und ruht dann acht oder neun Monate lang bis zum Einsetzen der spätsommerlichen Regenfälle. Wenn der Regen endlich den Boden aufweicht, kommen die Schaufelfüße hervor, um sich zu paaren und in Regenpfützen abzulaichen.

EROSION UND DÜNENBILDUNG

Sand ist ein sehr wirksames Mittel der Erosion. Vom Wind verwehter Sand kann Felsen und Geröll abscheuern, polieren und umgestalten und einen ungeschützten Felsblock so weit abschleifen, daß am Ende nur noch eine mehr oder weniger ebene Platte übrigbleibt. Feststehendes Gestein wird allmählich in parallelen Schichten bis zum Grunde abgetragen. Ändert es in Sandstürmen jedoch seine Lage oder kommen die Winde aus verschiedenen Richtungen, können sich die unterschiedlichsten Oberflächenformen herausbilden.

Die Wirkung des Sandes

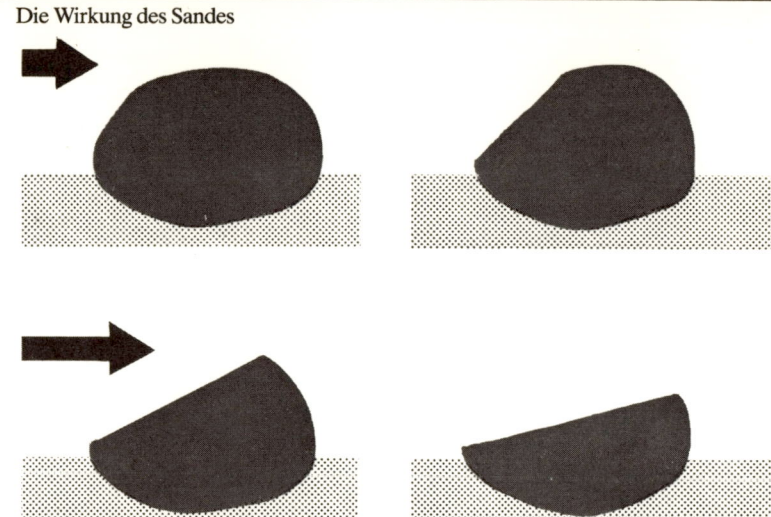

Vom Wind getrieben, »springt« der Sand über den Boden dahin. Diesen Vorgang bezeichnet man als Saltation. Unter dem Ansturm der windgetriebenen hüpfenden Sandkörnchen können andere Körnchen in die Luft gewirbelt werden. Der springende Sand trifft mit solcher Gewalt auf den Boden auf, daß Körnchen von einer Sandfläche fast 50 Zentimeter und von einem felsigen Untergrund bis zu zwei Meter hochgeschleudert werden. Der auf diese Weise verfrachtete Sand lagert sich in verschiedenen Formen ab – als kleine Bodenwellen oder große Dünen.

Sandbewegung

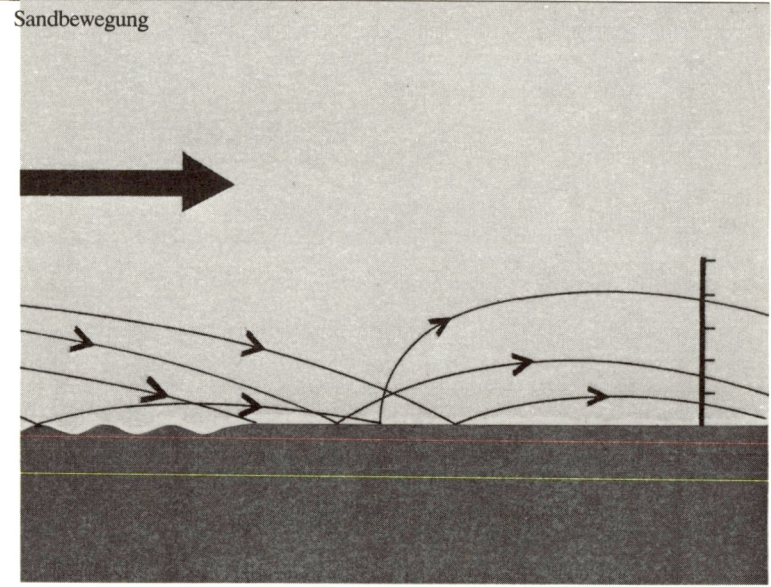

Die Entstehung einer Düne beginnt, wenn die Luftbewegung durch ein Hindernis, etwa einen Felsblock oder eine Pflanzenansammlung, verlangsamt wird und sich ein Wirbel bildet. Der Sand, den der Wind vor sich her treibt, begräbt schließlich das Hindernis unter sich, woraufhin sich noch mehr Sand ansammelt. Der Sand wird auf dem windzugewandten Hang der Düne hinauf- und über den Grat hinweggeblasen (A). Wenn die Windrichtung gleich bleibt, zeigen die Dünen einen sanft ansteigenden Hang auf der Windseite und einen steilen Abfall auf der Leeseite (B). Auf dem Leehang häuft sich Sand an, weil dort die Windgeschwindigkeit geringer ist. Wenn der Sand, der sich unten angesammelt hat, diese Sandanhäufung nicht mehr trägt, rutscht er weg, und es entsteht ein neuer, flacherer und stabiler Hang (C).

Dünenbildung

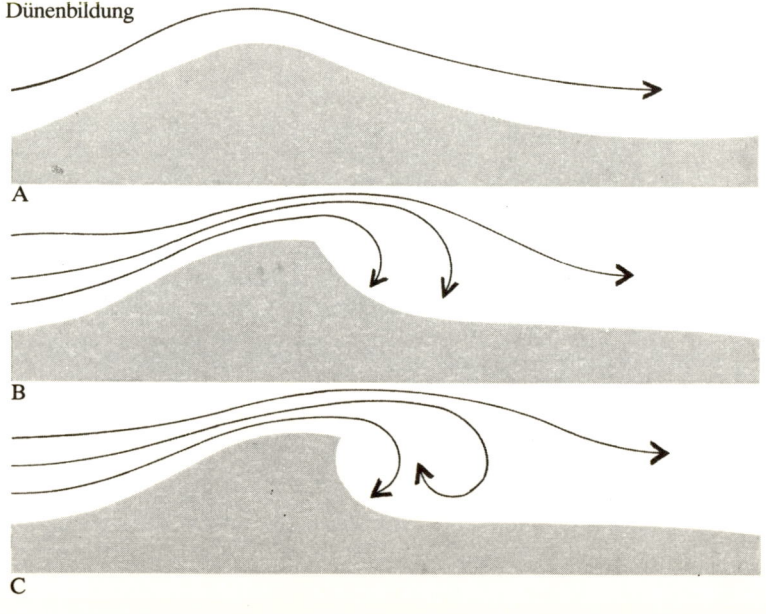

Dünen kommen in allen möglichen Größen und Formen vor. Wo reichlich Sand vorhanden ist und jegliche Vegetation fehlt, bilden sie langgezogene wellige Erhebungen im rechten Winkel zur vorherrschenden Windrichtung. Diesen Typ bezeichnet man als Querdünen. Sie haben einen asymmetrischen Querschnitt mit sanft ansteigendem Gegenwindhang und steil abfallender windabgewandter Seite.

Querdünen

Sicheldünen oder Barchane entwickeln sich dort, wo der Wind vorwiegend aus einer Richtung weht und vergleichsweise wenig Sand vorhanden ist. Die Halbmondform entsteht dadurch, daß der vorherrschende Wind mehr Sand über die Sichelspitzen als über das Mittelstück hinwegtreibt.

Sicheldünen

In Gegenden, in denen der Wind häufig umschlägt, bilden sich isolierte sternförmige Dünen mit mehreren Spitzen. Diese Sterndünen haben scharfe Grate, die in der Mitte zusammenlaufen, wo sie manchmal eine Höhe von 80 Meter erreichen. Sterndünen sind verhältnismäßig standorttreu und verändern oft in Jahrhunderten ihre Lage nicht.

Sterndüne

LANDSCHAFTS-FORMEN DER WÜSTE

Die Wüste besteht in der Hauptsache aus rauhem, offenem Gelände, das von Schluchten und Arroyos durchfurcht ist. Über die Ebene verstreut sind breite, windgepeitschte Erhebungen oder nacktes Gestein oder Geröll. In den Niederungen lagern sich feinkörnige Sedimente ab, und wenn genügend Sand vorhanden ist, türmen sich Dünen auf. Gleichwohl zählen die Landschaftsformen der Wüste zu den eindrucksvollsten und schönsten der Welt. Die Wüste verdankt paradoxerweise gerade dem Wasser ihre Oberflächengestalt. Die seltenen Regenfälle sind oft sturzbachähnlich und trotz ihrer kurzen Dauer sehr heftig. Gewöhnlich trockene Flußbetten verwandeln sich dann in reißende Ströme. Da das verwitterte Gestein nicht durch Pflanzenbewuchs geschützt ist, wird es von der Wasserflut leicht fortgeschwemmt. Tonnen von Sand, Geröll und zuweilen sogar große Felsbrocken wirbeln in dem tobenden Wasser, das tiefe Rinnen in das Muttergestein einschneidet und alles mit sich fortreißt, was sich ihm in den Weg stellt. Diese Rinnen tragen verschiedene Namen. In Lateinamerika und im Südwesten der Vereinigten Staaten heißen sie Arroyos, in der Sahara und in Vorderasien dagegen Wadis. Ein Wadi oder Arroyo hat in der Regel fast senkrechte Wände und einen flachen Boden.

Ein Cañon ist, einfach ausgedrückt, eine Steigerungsform des Wadi. Cañons entstehen, wenn Flüsse sich unaufhörlich tiefer in den Boden einschneiden, während das Land aufsteigt. Das Ergebnis sind schmale, steilwandige Schluchten, wie sie sich mäanderartig durch viele Wüstenregionen der Erde winden. Weil die meisten Wüstenbecken ringsum von höhergelegenem Gelände eingeschlossen sind, steht das Entwässerungssystem nicht mit dem Meer in Verbindung; die Wasserläufe fließen lediglich in die großen Becken *hinein*.

Weil den Wüstenregionen überall auf der Erde diese besondere Form der Entwässerung gemeinsam ist, machen sie mehr oder weniger die gleichen Verwitterungsprozesse durch. Wind und Regen sind die wichtigsten geologischen Kräfte, welche die Wüstenlandschaft formen. Der Wind bewegt nur die feineren Partikel. Erdrutsche kommen dort vor, wo das Bodenrelief stark ausgeprägt und die Regenfälle, so selten sie auch sind, gießbachartig niedergehen. Und die vom Regen gespeisten Wasserläufe befördern Schwemmgut in jeder Größe

Mesa (Tafelberg oder -fläche)

Felsbogen

Cañon

von den Berggipfeln hinunter zum Wüstenboden.

Zutage liegendes Gestein wird in der Wüste durch mechanische und chemische Verwitterung zerstört. Die gewaltigen täglichen Temperaturschwankungen in den heißen Wüsten bewirken, daß sich das Gestein in der Hitze des Tages ausdehnt und in der kühlen Nacht wieder zusammenzieht. Dieser mechanische Vorgang, in dessen Verlauf das Gestein sich abschält wie Zwiebelhäute, wird Exfoliation oder Abschieferung genannt.

Wüstenlandschaften, wie sie die Natur aus geschichtetem Sedimentgestein herausgemeißelt hat, sind vielen Menschen zumindest durch Filme bekannt. Charakteristisch für Wüsten sind vor allem die Tafelberge oder Tafelflächen, die sogenannten Mesas. Diese monumentalen Formationen sind Hochplateaus, gekrönt von widerstandsfähigem Fels, unter dem sich die weicheren Gesteinsschichten erstrecken, welche die Steilwände bilden. Solche Tafelberge haben eine Oberfläche von wenigen oder auch vielen Quadratkilometern. Ein Zeugenberg ist die verkleinerte Ausgabe einer Mesa; seine Fläche umfaßt nur wenige Hektar. Zeugenberge besitzen gewöhnlich eine abgeflachte oder gerundete Kuppe, die auf allen Seiten von steilen Hängen begrenzt ist.

Andere ungewöhnliche Gesteinsbildungen in der Wüste sind die Felspfeiler und die Pilzfelsen. Bei den letzteren handelt es sich um hoch aufragende Felstürme, bei denen die unteren Partien durch Erosion stärker angegriffen und abgetragen wurden als das Oberteil, so daß am Ende die Kuppe einen größeren Umfang hat als die Basis. Horizontal verlaufende Spalten kennzeichnen meist die Einwirkung der Erosion auf diese Türme, die je nach Gesteinsart und -struktur sehr unterschiedliche Formen annehmen können.

Unter spezifischen Bedingungen kann die Verwitterung einen Felsen sogar durchlöchern, so daß ein Felsbogen oder eine natürliche Brücke entsteht. In Sandstein werden solche Bögen oft durch Flüsse geschaffen. Andere Felsbrücken bilden sich, wenn Wasser in die Spalten und Fugen des Gesteins eindringt und einen Teil des festen Materials absprengt, das dann von Wind und Wasser abgetragen wird. Sobald einmal eine kleine Öffnung entstanden ist, kann sie durch Felsstürze, Regenwasser und Winderosion erweitert werden. Eine Naturbrücke entwickelt sich zuweilen auch dadurch, daß der Wind das Gestein an der Basis, aber nicht im oberen Teil auskehlt.

Pilzfelsen

Arroyo

Zeugenberg

DIE VERTEILUNG DER PFLANZEN

1 Jahrhundertpflanze *(Agave)*

2 »Spanischer Dolch« *(Yucca)*

3 Tonnenkaktus *(Ferocactus)*

4 Saguarokaktus *(Cereus)*

5 Opuntie *(Opuntia)*

6 Kreosotstrauch *(Larrea)*

7 Mesquitebaum, Schraubenbohne
   (Prosopis)

8 Bocksdorn *(Lycium)*

9 Amerikanische Pappel *(Populus)*

10 Melde *(Atriplex)*

11 Jodkraut *(Allenrolfea)*

Nirgendwo sind die Auswirkungen der Bodenstruktur und -zusammensetzung, der Luft- und Oberflächentemperaturen und des Wasserhaushalts auf die Verteilung der Pflanzen deutlicher zu erkennen als im unwirtlichen Lebensraum der Wüste. Extreme Hitze und Kälte zersprengen das Gestein der Berge, und heftige Regengüsse schwemmen das feinkörnige Material in die Täler und Senken hinunter. Agaven und einige Yucca-Arten bevorzugen die rauheren und gut entwässerten Berghänge. In den oberen, felsigeren Partien der Alluvial- oder Schichtflutfächer wachsen vielfach große Kaktusgewächse, etwa Saguaros *(Cereus)*, Tonnenkakteen *(Ferocactus)* und Chollas *(Opuntia)*, während sich

auf dem feineren Boden im unteren Teil der Fächer meist strauchwüchsige Akazien und Kreosotbüsche *(Larrea)* ausbreiten. Daran schließen sich am Ende des Fächers und auf dem Talboden Mesquitebäume *(Prosopis)*, Bocksdorn *(Lycium)* und Sumachbäume *(Rhus)* an, also Bäume und Sträucher, die auf dem schlammigen Boden, wo ihnen während eines großen Teils des Jahres unterirdisches Wasser zur Verfügung steht, gut gedeihen.
Wo Wasserläufe das Tiefland durchziehen, finden Pappeln *(Populus)*, Weiden *(Salix)*, Wüstenweiden *(Chilopsis)* und die erst in neuerer Zeit eingebürgerten Tamarisken *(Tamarix)* ihre ökologischen Nischen und bilden für die Tierwelt einen Lebensraum, der

sich erheblich von der übrigen
Wüstenlandschaft unterscheidet. Wo
sich Wasser ansammelt und nur sehr
langsam versickert oder verdunstet,
werden feinste Bodenpartikel und Salz
abgelagert. Melden *(Atriplex)*, Fettholz
(Sarcobatus) und das sogenannte
Jodkraut *(Allenrolfea)* gehören zu den
wenigen Pflanzen, die gelegentliche
Überschwemmungen und den hohen
Salzgehalt des Bodens zu überdauern
vermögen.

Obwohl in der Wüste die Gliederung
der Vegetation sofort ins Auge fällt,
zeigt sich bei genauerem Hinsehen, daß
die einzelnen Zonen im allgemeinen
ineinander übergehen. Mitten in einer
Wüstenregion scheinen die
Pflanzenformen auf den Nord- und
Südhängen weitgehend gleich zu sein,

doch am Nordrand der Wüste weisen
beispielsweise nur die nach Süden
gerichteten Hänge die charakteristische
Wüstenvegetation auf (in der südlichen
Hemisphäre verhält es sich genau
umgekehrt). Die kühleren Nordhänge
sind dagegen mit Pflanzenarten
bestanden, die dem anschließenden
Vegetationstyp, also dem nördlicher
gelegenen Grasland oder Wald, oder
der Lebensgemeinschaft der höheren
Lagen angehören. Überall in der Wüste
sind die höheren Bergstufen kühler und
bieten somit manchen Wüstenpflanzen
günstige Temperaturen. In den stillen
Winternächten gleitet die schwerere
Kaltluft aus den Hochlagen
hangabwärts, strömt die Täler und
Cañons hinab und sammelt sich
schließlich an den tiefsten Stellen.

Wegen der extremen Temperaturen
können sich in diesen Niederungen
vielfach keine kälteempfindlichen
Pflanzen halten, obgleich die tiefen
Täler tagsüber zu den heißesten Stellen
der Wüste zählen.

BAUPLAN EINES KAKTUS

Tonnenkaktus *(Ferocactus acanthodes)*

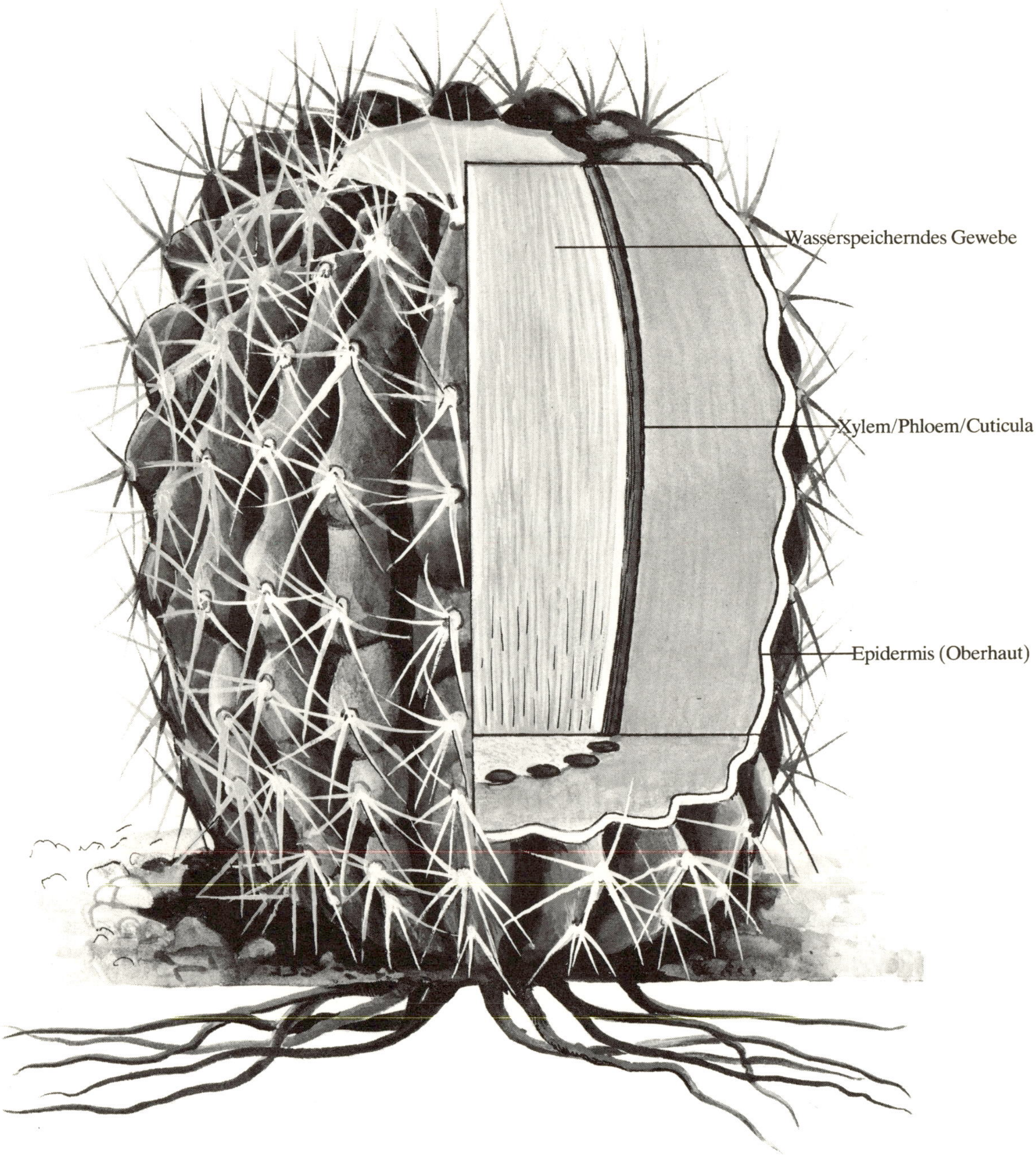

Wasserspeicherndes Gewebe

Xylem/Phloem/Cuticula

Epidermis (Oberhaut)

Der Pflanzenkörper eines Kaktus besteht vor allem aus dem flachen oder zylindrischen Stamm, in dessen grünem, fleischigem Inneren die Nahrungserzeugung durch Photosynthese stattfindet. Die so gewonnene Nahrung wird dorthin geleitet, wo sie benötigt wird, oder in einem Teil des Gefäßsystems (Xylem) gespeichert. Wasser, wie es selbst der leichteste Regenschauer bringt, wird von dem ausgedehnten flachen Wurzelgeflecht sehr schnell absorbiert, in den Gefäßbündeln weiterbefördert und im grünen Saftfleisch aufbewahrt. Das schwammige Gewebe und die dicke wachsbeschichtete Haut (Epidermis und Cuticula), welche die gesamte Oberfläche überzieht, sind Anpassungen, die der Wasserkonservierung dienen. Die Blattlosigkeit und die Verlagerung der Photosynthese in den Stamm erfüllen dieselbe Aufgabe, denn dadurch verringert sich die Oberfläche im Vergleich zum Volumen. Die Rippen und Höcker auf der Haut vieler Kakteen tragen vermutlich gleichfalls zur Abkühlung des Pflanzenkörpers bei, während sie gleichzeitig die Oberfläche geringfügig vergrößern, so daß mehr Sonnenlicht aufgefangen und die Photosynthese gesteigert wird. Die hellen Haare an der Spitze vieler Kaktusarten reflektieren die Hitze und halten dadurch diesen besonders empfindlichen Teil der Pflanze kühl. Die Früchte der Kaktusgewächse entwickeln sich aus dem Fruchtknoten der Blüte und der umgebenden fleischigen Basis. Die meisten Früchte enthalten sehr viele Samen. Bei vielen Arten benötigen diese Samen zum Auskeimen einen ganz bestimmten Feuchtigkeitsgrad. Bei einigen wenigen Arten fallen die Früchte zwar ebenfalls zu Boden, aber die neuen Pflanzen entstehen durch Triebe, die aus der Fruchthülle hervorwachsen.

Die Stellen des Stammes, an denen die Dornen (»Stacheln«) dicht beieinanderstehen, bezeichnet man als Augen oder Areolen. Jede Areole verkörpert gleichsam einen modifizierten Ast. Die Dornen schützen die Pflanze vor Tieren, die das saftige Kakteenfleisch als Nahrung schätzen. Sie dienen wahrscheinlich außerdem dazu, Wärme vom Stamm abzustrahlen.

Die Farbenpalette der Kaktusblüten umfaßt Weiß, Gelb, Orange, Rot, Rosa und ein leuchtendes Purpurrot. Jene Blüten, die sich in der Nacht öffnen, sind gewöhnlich blaß und verbreiten vielfach einen starken, oft süßen Duft, der je nach Art nektarsaugende Nachtfalter oder Fledermäuse anlockt, die bei ihrem Besuch die Blüten bestäuben.

Stangencholla *(Opuntia spinosior)*

Springende Cholla *(Opuntia bigelovii)*

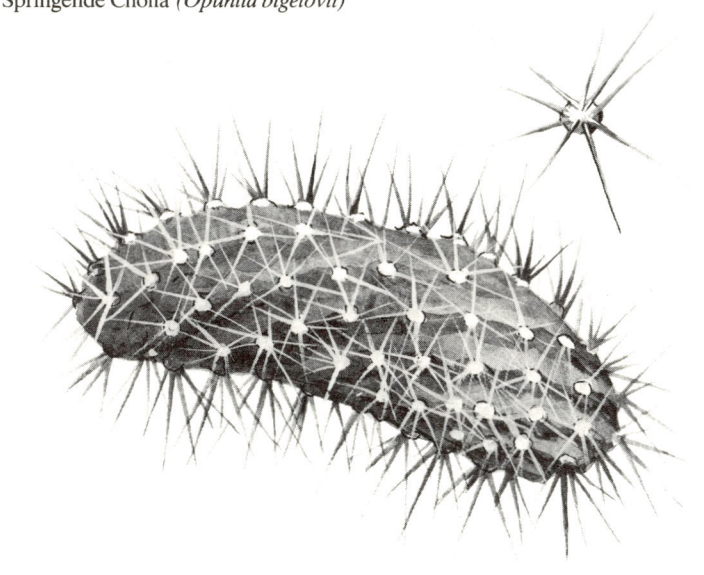

Hirschhorncholla *(Opuntia versicolor)*

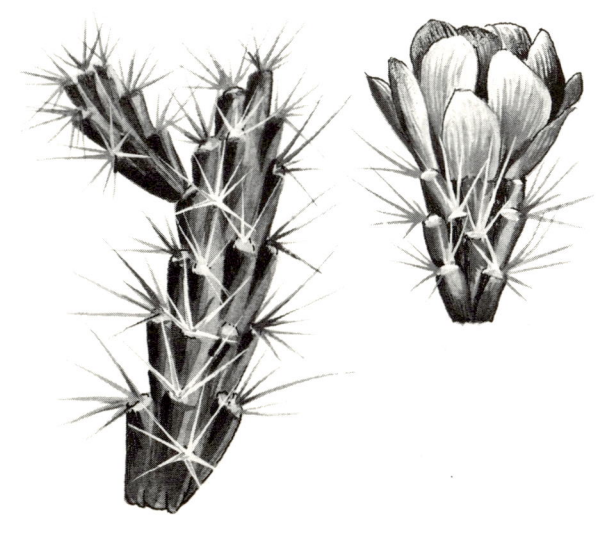

211

KAKTUSGEWÄCHSE

Regenbogenkaktus *(Echinocereus pectinatus)*

Verschiedene Kakteen, die alle der großen Gattung der Igelsäulenkakteen *(Echinocereus)* angehören, werden volkstümlich »Regenbogenkaktus« genannt. Der Name kommt von den Farbkreisen, welche die Dornen rings um den Stamm hervorbringen und die von Weiß über Grau zu verschiedenen rosa Tönen übergehen. Die auffälligen Blüten sitzen seitlich an der Spitze und wirken im Verhältnis zur gesamten Pflanze übergroß. Sie sind leuchtend gelb, gelb-orange, blaßlila, rosa gefärbt, oder die Blütenblätter tragen an der Basis ein grünes, in der Mitte ein weißes und an der Spitze ein hell rosafarbenes Band. Die Stämme stehen oft einzeln, manchmal auch zu mehreren zusammen und werden selten höher als 30 Zentimeter

Peyotl *(Lophophora williamsii)*

Die Peyotl oder Peyote *(Lophophora williamsii),* so genannt nach dem Indianerwort *peyote,* führt mindestens noch sieben weitere indianische Namen – ein Zeichen für die wichtige Rolle, die dieser Kaktus lange Zeit im religiösen Zeremoniell der Ureinwohner gespielt hat. Er enthält ein halluzinogenes Alkaloid, das Meskalin (abgeleitet von dem Indianerwort *mescal,* das soviel wie »alkoholisches Getränk« bedeutet). Die Peyotl wächst zu niedrigen kugeligen Gebilden heran, die sich kaum über den Erdboden erheben. Sie ist blaugrün und dornenlos und hat nur wenige flache Rippen. Die unangenehm schmeckenden Alkaloide schützen – statt Dornen – das saftige Fleisch vor Freßfeinden. Sammler, die es auf das Rauschgift abgesehen haben, haben die Peyotl in manchen Gebieten nördlich des Rio Grande, fast ausgerottet.

Simpson-Kugelkaktus *(Pediocactus simpsonii)*

Pediocactus simpsonii gehört einer kleinen Kaktusgattung an, die auf den Westen der Vereinigten Staaten beschränkt ist. Einige Arten sind von Hause aus sehr selten und inzwischen infolge Übersammlung in der freien Natur fast ausgestorben. Der kugelige Stamm der genannten Art hat einen Durchmesser von höchstens 13 Zentimeter und wächst einzeln oder in kleinen Gruppen. Im Unterschied zu den meisten Kaktusgewächsen erträgt sie Kälte und Feuchtigkeit und ist eine der wenigen Arten, die auch in höheren Lagen – bis 3000 m – gedeihen. Verpflanzt man den Kaktus jedoch in ein trocken-heißes Klima, so geht er fast immer ein. Die kleine Blüte sitzt auf der Spitze, dicht neben dem Zentrum. Sie schimmert in verschiedenen rosa Tönen und ist manchmal gelb überhaucht.

Auf der sandigen Ebene, die sich zwischen Südostkalifornien und dem westlichen Arizona ausbreitet, erblickt man im Frühling des öfteren leuchtend rosa- oder magentarote Flecken in der Landschaft. Das sind die Kakteen der Art *Opuntia basilaris,* die in voller Blüte stehen. Wie alle Vertreter der Gattung *Opuntia* sind auch bei dieser Art die Areolen mit Hunderten von winzigen Dornen besetzt, die wie steife Haare aussehen und wegen ihrer Widerhäkchen leicht in der Haut steckenbleiben. Verwandte des Biberschwanzkaktus erzeugen eßbare Früchte (»Tunas«) oder Sproßglieder (»Nopales«), die auf mexikanischen Märkten regelmäßig feilgeboten werden.

Biberschwanzkaktus *(Opuntia basilaris)*

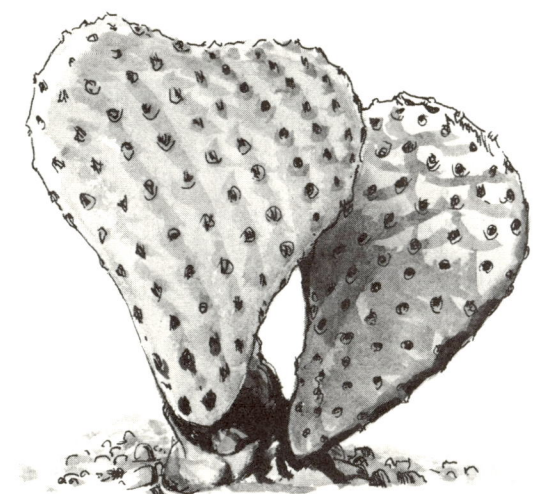

Mehrere Arten der umfangreichen Warzenkaktusgattung *Mammillaria* tragen den volkstümlichen Namen »Angelhakenkaktus«, weil die langen Dornen im Zentrum an der Spitze angelhakenförmig nach innen gebogen sind. Das ist ein besonders wirksamer Schutz, denn jedes Tier, das von der Pflanze fressen will, wird sofort von den starren Dornen getroffen, die sich in seinem Maul verhaken, wenn es den Kopf rasch zurückzieht. Manche Angelhakenkakteen sind fast flach und erheben sich kaum über den Boden, andere haben eine zylindrische Form. Sie wachsen einzeln oder in Gruppen und sind durchweg verhältnismäßig klein. Ihr Vorkommensgebiet erstreckt sich vom Westen der Vereinigten Staaten bis zum nördlichen Südamerika.

Angelhakenkaktus *(Mammillaria microcarpa)*

Der wissenschaftliche Name dieses Kaktus, *Echinocactus polycephalus,* läßt sich etwa als »stachliger Kaktus mit vielen Köpfen« übersetzen. Die Stämme verzweigen sich, aber diese Zweige gleichen einem einzigen Klumpen aus zahlreichen Stämmen, bis zu dreißig, die zusammen ein Gebilde mit einem Durchmesser von etwa 1,20 Meter ergeben. Die einzelnen Stämme sind im allgemeinen kugelförmig oder zylindrisch und nur selten höher als 30 Zentimeter. Dieser Igelkaktus wächst auf heißem und trockenem Gestein und flachen Geröllhängen von Südkalifornien bis zum westlichen Arizona und ist der nördlichste Vertreter einer kleinen nordamerikanischen Gattung. Die größeren Dornen sind rot und verleihen der Pflanze eine warme rötliche Farbe, wenn man sie aus einiger Entfernung betrachtet.

Mohave-Igelkaktus *(Echinocactus polycephalus)*

SUKKULENTEN

Boo-jum-Baum *(Idria columnaris)*

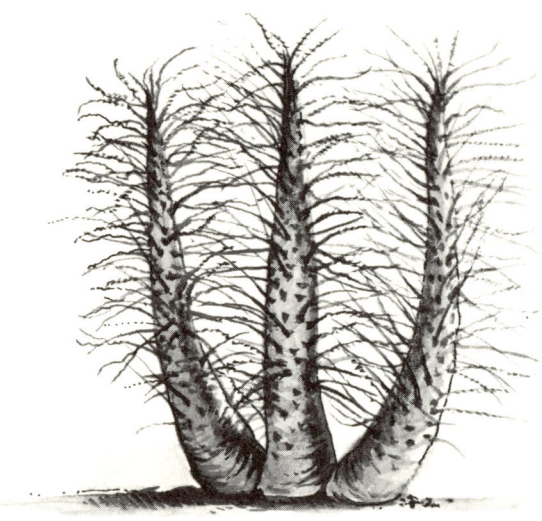

Der Boo-jum-Baum *(Idria columnaris)* zählt zu den bizarrsten Pflanzenformen und ist zum Inbegriff seiner Heimat Baja California geworden. Der sich nach oben verjüngende Stamm kann riesige Wassermengen speichern, und seine unregelmäßig verteilten dünnen Äste treiben nur dann Blätter, wenn reichlich Wasser zur Verfügung steht. Der Boo-jum-Baum ist ein naher Verwandter des sehr viel häufigeren Ocotillostrauches *(Fouquiera splendens)*.

Josua-Baum *(Yucca brevifolia)*

Der »Josua-Baum« *(Yucca brevifolia)*, eine der größten Yuccas, erhielt seinen Namen von den in Utah siedelnden Mormonen, und zwar deshalb, weil er seine dicken Äste wie Arme flehend zum Himmel erhebt. Wie alle Yuccas ist auch der Josua-Baum bei seiner Befruchtung auf einen bestimmten Schmetterling angewiesen. In der Nacht besucht der Falter die cremefarbenen Blüten, um Pollen zu sammeln, die er auf der Blütennarbe ablagert. Dann legt er seine Eier im Fruchtknoten ab, und die heranwachsenden Larven verzehren einen Teil der sich entwickelnden Samen. Die Beziehung zwischen Falter und Baum ist jedoch insofern ausgewogen, als stets genügend Samen übrigbleiben, um die Vermehrung der Yucca zu sichern.

Euphorbie *(Euphorbia* sp.*)*

Die Gattung *Euphorbia* umfaßt mehr als 2000 Arten, von der kleinen Gartenwolfsmilch bis zu hohen Sträuchern und Sukkulenten. Die sukkulenten Arten, die sich äußerlich oft von Kaktusgewächsen kaum unterscheiden, sind in den warmen Regionen der Alten Welt heimisch, besonders in Afrika. Sie ähneln den echten Kakteen aus der neuweltlichen Familie *Cactaceae* so stark, daß sich ihre systematische Stellung außerhalb der Blütezeit nur schwer ermitteln läßt. Wie bei den Kakteen dienen die fleischigen Stämme als Wasserspeicher, und zur Verringerung der Feuchtigkeitsverluste ist die Oberfläche im Vergleich zum Volumen möglichst klein gehalten. Sukkulente Euphorbien und Kaktusgewächse sind Musterbeispiele der konvergenten Evolution.

Die Zeichnung zeigt eine seltene Agave, *Agave nizandensis*, die auf entlegenen trockenen Felshängen im mexikanischen Oaxaca wächst. Sie bleibt kleiner als die meisten Agaven. Andere Arten haben Blätter, die fast 2,40 Meter lang werden können. Bei vielen Agaven wächst aus der Blattrosette nur einmal ein Blütenstengel hervor, oft erst nach vielen Jahren; allerdings dauert es niemals hundert Jahre, wie ein volkstümlicher Agavenname, »Jahrhundertpflanze«, vermuten läßt. Mehrere Arten der Gattung *Agave* liefern Sisal- und Henequenfasern sowie den für alkoholische Getränke verwendeten Saft Pulque, und die fleischigen Pflanzenteile werden geröstet und gegessen. Die Dornen sind mit einer Substanz überzogen, die schmerzhafte Wunden verursacht.

Nizanda-Agave *(Agave nizandensis)*

Die Kerzenpflanze *(Kleinia articulata)*, die ihren Namen von ihren glatten, wachsüberzogenen Stengeln hat, ist eine beliebte und leicht zu pflegende Zimmersukkulente aus Südafrika. Sie bringt, wenn sie genügend Wasser bekommt, Blätter hervor, die sie in Trockenzeiten wieder verliert. Wie andere Saftpflanzen speichert sie Wasser in den Stengeln oder Blättern. Die letzteren haben oft auf einer Seite ein kleines »Fenster«, das Licht für die Photosynthese einläßt, während der größte Teil des Blattes die Sonnenstrahlen reflektiert und damit eine übermäßige Erwärmung verhindert. *Kleinia* steht der riesigen Kreuzkrautgattung *(Senecio)* sehr nahe und wird oft in diese Gattung gestellt. *Kleinia*-Arten sind in Ostindien, Afrika und Mexiko verbreitet.

Kerzenpflanze *(Kleinia articulata)*

Die Familie der Liliengewächse, zu der auch die Art *Haworthia attenuata* gehört, ist eine weitere Pflanzengruppe, die in Anpassung an trockene Klimabedingungen sukkulente Formen ausgebildet hat. Die Haworthien, die allesamt im südlichen Afrika beheimatet sind, gelten wegen ihrer hübschen Form und wegen ihres langsamen Wachstums als beliebte Topfpflanzen. Die genannte Art wird in vielen Varianten gezüchtet. Die kleinen weißlichgrünen Blüten stehen auf einem schlanken Stengel, der meist aus dem Zentrum der Blattrosette hervorwächst. Mehrere Arten haben nur wenige Blätter und sehen aus wie kleine Kieselsteine.

Haworthie *(Haworthia attenuata)*

WÜSTENECHSEN – VIELFALT DER FORMEN

Lerista bipes

Echsen zählen zu den auffälligsten tierischen Bewohnern der heißen Wüsten. Schon Charles Darwin stellte fest, daß sie selbst die trockensten und lebensfeindlichsten Regionen besiedeln, und der Mammaloge H. H. Finleyson bemerkte, daß die inneraustralischen Trockengebiete in erster Linie »ein Land der Echsen« seien. Eine Erklärung für den Erfolg dieser Reptilien in trocken-heißen Zonen ist ihr wechselwarmes, ektothermes Blut, das es ihnen gestattet, einerseits in den Aktivitätsphasen von einem erhöhten Stoffwechselumsatz zu profitieren und andererseits ihre Körpertemperaturen im Ruhezustand zu senken. Indem sich die Echsen in kühle und feuchte unterirdische Baue zurückziehen, wo sie bei stark herabgesetztem Stoffwechsel auch längere Dürre- und Hitzeperioden überstehen, sparen sie sowohl im Tages- als auch im Jahreszeitenablauf Energie und Wasser.

Diese Regelung der Eigenwärme ermöglicht es den Wüstenechsen, eine erstaunliche Vielzahl von ökologischen Nischen zu besetzen. Die meisten Arten sind Insektenfresser, manche ernähren sich jedoch auch von Pflanzenstoffen, und einige wenige stellen anderen Wirbeltieren nach. Die Insektenfresser sind zumeist nicht wählerisch, doch etliche haben sich auf eine ganz bestimmte Nahrung spezialisiert und leben ausschließlich von Ameisen, Termiten oder Skorpionen.

Einige fast blinde Skinke mit weitgehend zurückgebildeten Gliedmaßen führen ein Leben im Untergrund, wo sie Termiten in deren unterirdischen Nestern aufspüren. Zu diesen wurmähnlichen wühlenden Arten gehört beispielsweise *Lerista bipes* in den australischen Wüstenregionen.

Andere Arten gleichen eher Schlangen; das gilt vor allem für die australischen Flossenfüße *(Pygopodidae)*. Ein Vertreter dieser Familie ist *Lialis burtoni,* ein Dämmerungstier mit scharfen Augen und großem Maul. Es kommt fast in ganz Australien vor, ernährt sich von anderen Eidechsen und ist, ökologisch gesehen, eine »Schlange«. In den gleichen Biotopen findet man auch den sehr winzigen abfallbewohnenden Skink *Menetia greyi,* ein Reptil, das in seiner Lebensweise einem Insekt ähnelt.

In Australien haben die wüstenlebenden Echsen auch die ökologischen Nischen besetzt, die anderswo von räuberischen Säugetieren

Lialis burtoni

Menetia greyi

ausgefüllt werden. Das sind die
mächtigen Warane, die neben anderen
Echsen auch Säuger und nestjunge
Vögel erbeuten. Eine Art, der Groß-
oder Riesenwaran *(Varanus giganteus),*
soll sogar bis zu 2,40 Meter lang
werden. (Noch vor 10 000 Jahren lebte
eine verwandte Art, *V. prisca,* die
schätzungsweise eine Länge von zehn
Meter erreichte!) Obwohl der kleine
Wüstenzwergwaran *V. eremius* nur 40
bis 45 Zentimeter lang wird, stellt auch
er anderen Echsen nach. Die einzelnen
Tiere durchstreifen jeden Tag ein
großes Areal (bis zu ein Kilometer) und
überwältigen manchmal sogar
Beutetiere, die halb so groß sind wie sie
selber.
Der Dornteufel oder Moloch *(Moloch
horridus)* ist eines der bizarrsten
Geschöpfe der australischen Wüsten.
Diese mittelgroße Agame ernährt sich
ausschließlich von kleinen Ameisen.
Die Dornteufel sind gemächliche Tiere,
die sich durch ihre Tarntracht vor
Entdeckung schützen. Zusätzlichen
Schutz vor Raubfeinden bieten ihnen
die scharfen Stacheln. Die Funktion der
stachligen Fortsätze auf dem Rücken
und Nacken ist noch nicht völlig geklärt
(es sind jedenfalls keine Fettspeicher,
wie man früher einmal vermutet hat),
aber sie können sehr wohl zur
Abschreckung eines Feindes dienen:
Wenn sich ein Dornteufel bedroht fühlt,
verbirgt er den Kopf zwischen den
Vorderbeinen, so daß der bestachelte
»zweite Kopf« ungefähr die Position
des echten Kopfes einnimmt. Eine ganz
andere Verteidigungstaktik, nämlich
ein geschicktes Täuschungsmanöver,
wenden die jugendlichen Wüstenrenner
Eremias lugubris in der Kalahari an.
Diese kleinen, wehrlosen Eidechsen
ahmen die unangenehmen
»Oogpister«-Käfer nach (das
Afrikaanswort bedeutet in
beschönigender Übersetzung soviel wie
»Augenspritzer«), die bei Gefahr
beißende Säuren absondern.
Ausgewachsene Wüstenrenner sind
hellrot gefärbt und passen sich damit
der Farbe des Kalahari-Sandes an.
Doch der Leib der Jungtiere ist
pechschwarz und weißgefleckt, wie es
die Abbildung zeigt. Während die
adulten Tiere sich wie normale
Eidechsen schlängelnd fortbewegen,
schreiten die Jungen steifbeinig und mit
hochgewölbtem Rücken einher und
pressen dabei den rötlichen Schwanz
flach an den Boden. Wenn die Tiere
verfolgt werden, geben sie ihren
»Käfergang« auf und flitzen blitzschnell
in ein Versteck, nicht anders als eine
normale Eidechse. Haben sie eine
Rumpflänge von 2,5 bis 5 Zentimeter
erreicht (das entspricht etwa der Länge
der größten Oogpister-Käfer), nehmen
sie die Erwachsenenfärbung an und
legen den Schreitgang endgültig ab.

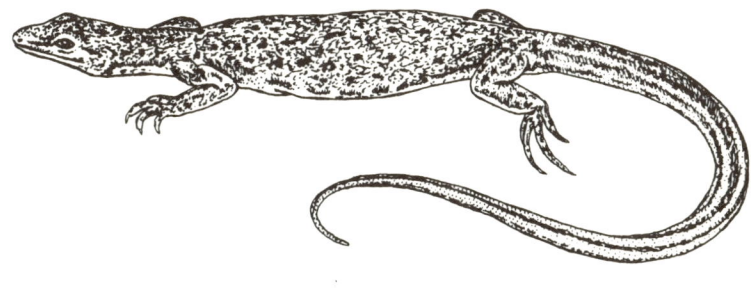

Varanus eremius

Moloch horridus

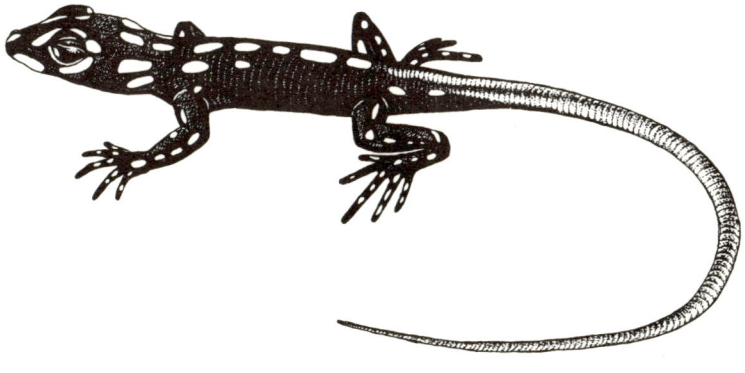

Eremias lugubris

ANPASSUNGEN
AN LOCKEREN SAND

Eine Sandwüste stellt ihre Bewohner
vor verschiedene Probleme: 1. Vom
Wind verwehter Sand ist stets locker
und bietet den Füßen wenig Halt;
2. um die Mittagszeit steigen die
Bodentemperaturen lebensgefährlich
an; 3. auf freien Sandflächen sind
Nahrung, Schatten und Deckung als
Schutz vor Feinden selten. Doch durch
natürliche Selektion haben viele Echsen
über Jahrmillionen hinweg die
Fähigkeit entwickelt, selbst mit solchen
Schwierigkeiten fertig zu werden. Sie
entgehen ihnen beispielsweise einfach
dadurch, daß sie unterirdisch leben,
wodurch sie sowohl die Hitze als auch
etwaige Raubfeinde vermeiden. Im
übrigen machen sie sich sogar den
lockeren Sand zunutze, der ihnen das
Einwühlen erleichtert. Weitere Hilfen,
die ihnen die Evolution zur Verfügung
stellte, sind spitze oder schaufelförmige
Schnauzen und eingesenkte Unterkiefer
sowie kleine Körperfortsätze und
muskulöse Rümpfe und Schwänze.
Diese wühlenden, wurmähnlichen
Echsenformen umfassen neben den
bereits erwähnten australischen
Wüstenskinken der Gattung *Lerista*
(siehe S. 216) auch mehrere
Blindskinkarten *(Typhlosaurus)* in der
Kalahari und Namib, ferner die
afrikanischen Lanzenskinke *(Acontias)*
und Walzenskinke *(Chalcides)* sowie
die Sandskinke *(Ophiomorus)* der
asiatischen Sandwüsten. Solche
Wühlechsen sind in den
Wüstengebieten der Neuen Welt nicht
vertreten, wohl aber in anderen
Sandbiotopen, insbesondere in
Stranddünen *(Neoseps reynoldsi* in
Florida und *Anniella pulchra* in
Kalifornien und Baja California).
Abgesehen von *Anniella* gehören alle
der Familie *Scincidae* an und haben sich
in Anpassung an den lockeren
Sandboden unabhängig voneinander
parallel entwickelt. Die meisten Arten
ernähren sich von Termiten und sind
lebendgebärend; es werden jeweils nur
wenige, aber verhältnismäßig große
Junge geboren.
Die nachtaktiven Echsen, also die
meisten Geckos sowie einige Skinke
und Flossenfüße, entziehen sich der
Hitze, indem sie nur nachts munter
sind. Sie finden in der Dunkelheit auch
einen gewissen Schutz vor Feinden. Zu
den Spezialanpassungen an das
nächtliche Leben gehören die
elliptischen Pupillen. Physiologische
Anpassungen an die Kälte sind
ebenfalls gegeben.
Tagaktive Echsen bewegen sich in den
Stunden zwischen Sonnenaufgang und
dem bedrohlichen Ansteigen der
Bodentemperaturen auf dem

Scincus philbyi

Aporosaura anchietae

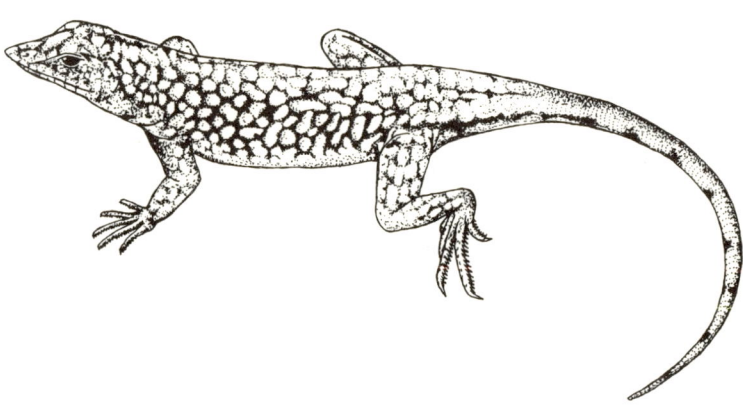

Uma scoparia

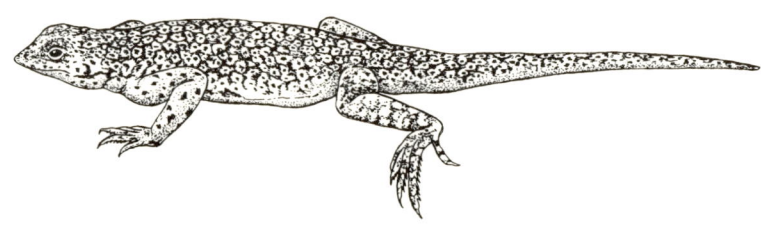

Wüstensand umher. Diese Sandspezialisten zählen zu den eindrucksvollsten Beispielen für die konvergente Evolution und die ökologische Äquivalenz. Vertreter aus fünf unterschiedlichen Echsenfamilien, die sich über alle Wüstenregionen der Erde verteilen, haben das Problem der Fortbewegung auf lockerem Sand in ähnlicher Form gelöst: Vergrößerte Schuppen an den Zehen sind unabhängig voneinander bei Skinken, Eidechsen, Leguanen, Agamen und Geckos entstanden. Ein Skink mit dem treffenden Namen Sandfisch *(Scincus philbyi)*, der in der Sahara und anderen Wüstengebieten von Algerien bis Westpakistan verbreitet ist, »schwimmt« regelrecht durch das Sandmeer auf der Suche nach Insektennahrung. In der Sahara und den arabischen Wüsten leben auch Eidechsen mit Fransenzehen, so etwa der Bosc-Fransenfinger *(Acanthodactylus boskianus)*. Die windigen Sanddünen der Namib-Wüste sind die Heimat einer anderen Eidechsenart, *Aporosaura anchietae,* die sich gleichfalls von Samen ernährt, welche der Wind vor sich hertreibt. Mehrere nordamerikanische Fransenzehenleguane, zum Beispiel *Uma scoparia,* lauern gewöhnlich ihrer Beute, die aus allerlei Insekten besteht, im offenen Gelände auf. Aber sie nehmen mit dem Gehör auch im Sand verborgene Insekten wahr, die sie dann ausgraben. Manchmal wühlen sie sich blitzschnell durch ein Stück Sandboden und warten dann ab, ob sich aufgeschreckte Sandschaben, Käferlarven oder andere Gliederfüßer an der Oberfläche zeigen.

Die drei genannten Arten besitzen alle ein abgeplattetes, enten-schnabelförmiges Schaufelmaul, das es ihnen gestattet, selbst im vollen Lauf mühelos in den Sand »einzutauchen«. Sie rudern dann ein Stück weiter, bis sie vollständig im Sand verschwunden sind. Man muß diesen Vorgang des blitzschnellen Verschwindens einmal gesehen haben, um ihn richtig würdigen zu können. Wir haben es dabei mit einer überaus effektvollen Spielart des Fluchtverhaltens zu tun. Zwei andere Arten besitzen zwar Fransenzehen, aber kein Schaufelmaul: die australische Agame *Amphibolurus clayi* und der Namib-Sandgecko *Ptenopus kochi.*

Manche Echsenarten haben eine andere Methode entwickelt, in sehr lockerem Sand Halt zu finden – froschähnliche »Schwimmhäute« zwischen den Zehen. Zu dieser Gruppe gehören *Palmatogecko rangeri* in der Namib-Wüste und der wenig bekannte *Kaokogecko vanzyli* im entlegenen Nordwesten Namibias, an der Grenze zu Angola.

Amphibolurus clayi

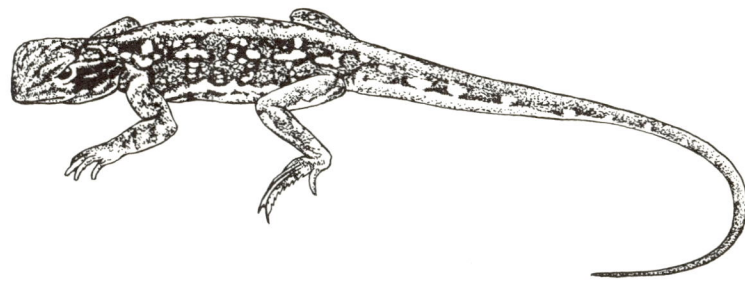

Ptenopus kochi

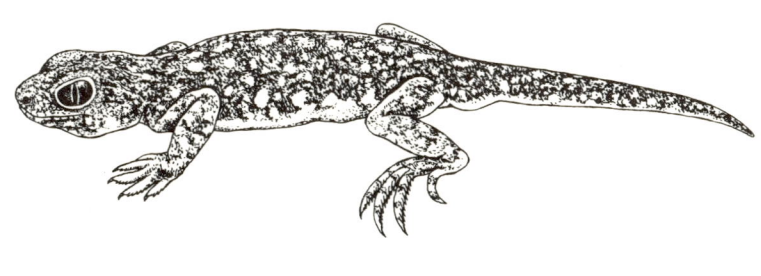

Kaokogecko vanzyli

ECHSENSCHWÄNZE – FUNKTIONEN UND RÄTSEL

Lophognatus longirostris

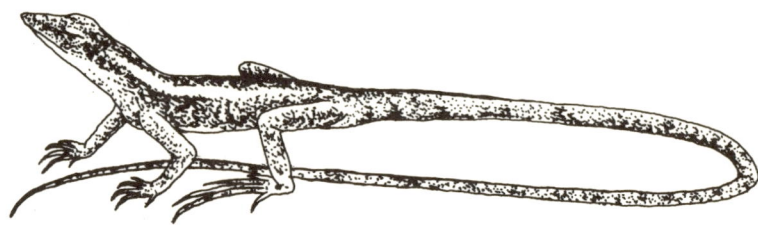

Die Echsen haben sehr unterschiedliche Schwanzformen ausgebildet, die eine Vielzahl von Funktionen erfüllen. Viele kletternde Arten, so die australische Agame *Lophognathus longirostris,* besitzen einen ungewöhnlich langen Schwanz, der als Balancierstange dient. Experimente, bei denen die Schwänze entfernt wurden, haben gezeigt, daß solche langen Körperfortsätze die Echsen befähigen, die Vorderbeine vom Boden abzuheben und sich allein auf den Hinterbeinen schneller fortzubewegen. Greifschwänze werden von anderen baumlebenden Arten beim Klettern gleichsam als fünftes Bein eingesetzt, beispielsweise von manchen Geckos, etwa *Diplodactylus elderi,* und von den Chamäleons wie dem Lappenchamäleon *(Chamaeleo dilepis),* das auch in der Kalahari vorkommt. Bei vielen Echsenarten bricht der Schwanz leicht ab. Einige können mittels Selbstverstümmelung (Autotomie) ihren Schwanz willkürlich und ohne Einwirkung von außen abwerfen. Gleich nach der Abtrennung schlagen die Schwänze oder Schwanzstücke meist wild um sich und lenken dadurch die Aufmerksamkeit des Verfolgers von der Echse selbst ab, die unbemerkt entwischen kann. Manche kleinen Räuber, zum Beispiel die Zwergwarane *Varanus gilleni* und *V. caudolineatus,* fressen sogar die Schwänze von Geckos, die sie wegen ihrer Größe selbst nicht überwältigen können. Ein Skink kehrt oft zu der Stelle zurück, wo er seinen Schwanz verloren hat, und verspeist die Überreste. Der Verlust des Schwanzes scheint einer Echse nicht viel auszumachen, und manche Tiere setzen danach ihr Sonnenbad oder die Nahrungssuche fort, als ob nichts geschehen wäre. Bei solchen Arten wird der Schwanz schnell regeneriert. Die nachgewachsenen Schwänze unterscheiden sich vielfach äußerlich kaum von den ursprünglichen, aber das innere Stützskelett besteht nicht aus Knochen, sondern aus Knorpelgewebe.

Nicht bei allen Echsen bricht der Schwanz so leicht ab. Viele Leguanarten besitzen zerbrechliche Schwänze, die ihnen nahestehenden Agamen dagegen nicht. Auch die Waran- und Chamäleonschwänze sind recht stabil. Solche Echsen können einen abgetrennten Schwanz nicht vollständig regenerieren. Mehrere Arten der australischen Geckogattung *Diplodactylus* (z. B. *D. ciliaris* und *D. elderi)* haben auf ihrem Schwanz Drüsen, die einen übelriechenden

Chamaeleo dilepis

Callisaurus draconoides

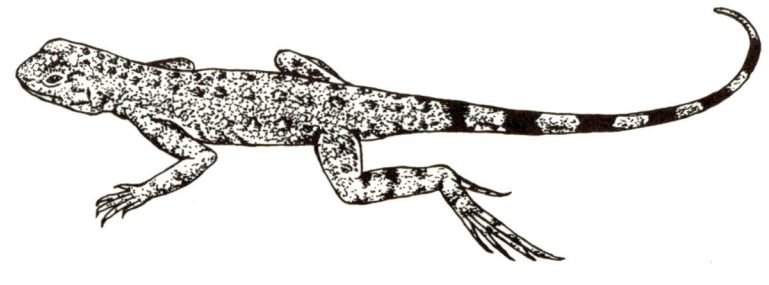

Schleim ausscheiden. Wenn die Tiere erschreckt werden, verspritzen sie große Mengen dieser unangenehmen klebrigen Substanz. Der Schwanz selbst ist überraschenderweise sehr zart und bricht leicht ab, wächst aber auch schnell wieder nach.

Der Schwanz mancher Arten, vor allem der Jungtiere, ist bunt gefärbt und sehr auffällig und soll offensichtlich den Angriff eines Raubfeindes von den empfindlicheren Körperteilen ablenken. Wenn der in den westlichen Trockengebieten Nordamerikas heimische Gitterschwanzleguan *(Callisaurus draconoides)* von einem großen Tier bedroht wird, rollt er seinen Schwanz über dem Hinterleib und Rücken ein und stellt dabei die grelle Schwarzweißzeichnung der Unterseite zur Schau, während er gleichzeitig den Schwanz hin und her bewegt. Läßt der Verfolger dann immer noch nicht von ihm ab, verläßt er sich auf seine Geschwindigkeit (schätzungsweise bis zu 20–30 km/h) und auf seine weiträumigen Zickzackbewegungen. Ein australischer Wüstenskink, *Ctenotus calurus,* wedelt ständig mit seinem leuchtend azurblauen Schwanz, wenn er nahrungsuchend zwischen den Pflanzen umherstreift. Ähnlich benehmen sich die winzigen Jungtiere von *Morethia butleri,* die mit ihrem roten Schwanz zucken, wenn sie im Fallaub unter den Eukalyptusbäumen umherkrabbeln. Der australische Wüstengecko *Diplodactylus conspicillatus* hat einen drüsenlosen, aber sehr gedrungenen Schwanz. Dieser nachtaktive Termitenspezialist versteckt sich tagsüber in verlassenen Spinnenlöchern, vermutlich mit dem Kopf nach unten, so daß der Eingang der Wohnröhre durch den dicken Schwanz blockiert wird.

Ein weiterer australischer Wüstenbewohner, der seinen Schwanz auf ähnliche Weise benutzt, ist der kletterfreudige Stachelskink *Egernia depressa.* Diese Echsen keilen sich fest in enge Felsspalten und Baumhöhlen ein und versperren den Zugang mit ihrem kräftigen bestachelten Schwanz. Stachelschwänze dienen bei zahlreichen anderen Echsenarten dem gleichen Zweck, so bei dem mexikanischen Leguan *Enyaliosaurus clarki* und beim nordafrikanischen Dornschwanz *(Uromastix acanthinurus).*

Die australischen Nierenschwanzgeckos *(Nephrurus)* besitzen am Schwanzende einen knolligen Anhang. Als Beispiel sei die wüstenbewohnende Art *N. vertebralis* angeführt. Diese mächtigen nachtaktiven Geckos stellen großen Beutetieren nach, unter anderem ihren nächsten Verwandten. Beide Geschlechter tragen diesen sonderbaren Schwanzanhang, dessen Funktion noch nicht bekannt ist.

Diplodactylus conspicillatus

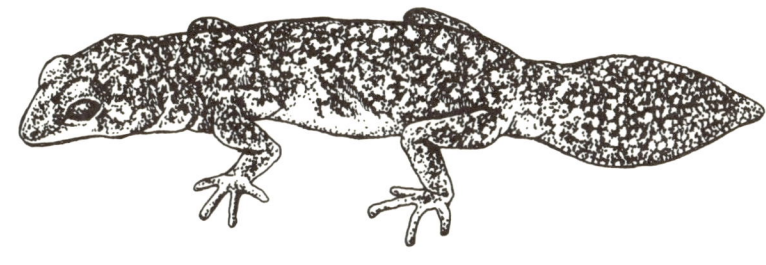

Egernia depressa

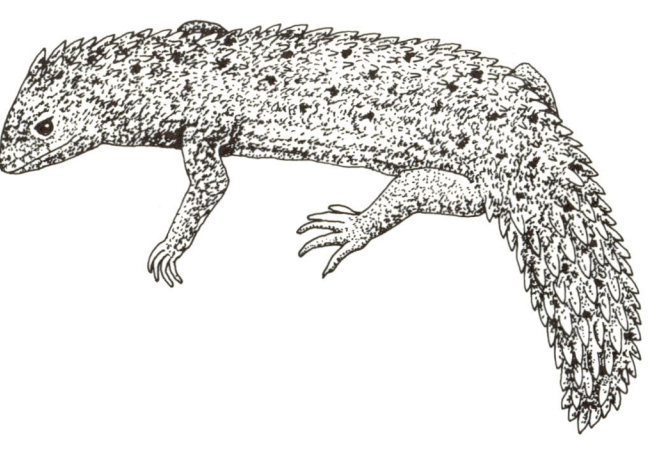

Nephrurus vertebralis

Beuteltiere, Marsupialia. Systematische Übersicht

Von Dr. Theodor Haltenorth

F. = Familie, U.F. = Unterfamilie, G. = Gattung, A. = Art. Die Zahlen bedeuten vor dem Schrägstrich Kopf-Rumpf-Länge, hinter dem Schrägstrich Schwanzlänge

Ordnung Vielvorderzähner, Polyprotodonta
Unterordnung Rattenbeutler, Didelphimorphia

F. Beutelratten, Didelphidae

U.F. Wollbeutelratten, Caluromyinae

G. Wollbeutelratten, *Caluromys* – A. Rotw., *C. derbianus;* S-Mexiko bis W-Kolumbien u. Ekuador; 30/40. – A. Gelbw., *C. philander;* von Venezuela, Guayana u. Trinidad bis Mato Grosso u. São Paulo; 25/30. – A. Weichw., *C. lanatus;* O-Kolumbien, Venezuela, Brasilien, Paraquay; 25/35. A. Leroto-W., *C. mcilhennyi;* Leroto-Bezirk, Balta, Peru; 25/25. –
G. Binden-W., *Caluromysiops* – A. Binden-W., *C. irrupta;* S-Peru; 22/22

U.F. Opossums, Didelphinae

G. Opossums, *Didelphis* – A. Nord-O., *D. marsupialis;* M-Mexiko bis SO-Brasilien u. N-Argentinien; 30/40. – A. Weißbauch-O., *D. albiventris;* brasilianisches Bergland bis M-Argentinien, ferner Guayana-Hochland u. Küste N-Perus; 35/35
G. Dickschwanz-O., *Lutreolina* – A. Dickschwanz-O., *L. crassicaudata;* O-Südamerika von Guayana bis Patagonien; 30/35
G. Nacktschwanz-O., *Metachirus* – A. Nacktschwanz-O., *M. nudicaudatus;* Kostarika bis Paraguay; 30/35
G. Vieraugen-O., *Metachirops* – A. Vieraugen-O., *M. opossum;* M-Mexiko bis SO-Brasilien u. N-Argentinien; 30/35
G. Schwimm-O., *Chironectes* – A. Nords., *C. panamensis;* Nicaragua bis Peru u. Venezuela; 35/40. – A. Süds., *C. minimus;* Venezuela u. Guayana bis S-Brasilien u. Paraguay; 40/45
G. Buschschwanz-O., *Glironia* – A. Peru-B., *G. venusta;* SO-Peru; 16/20. – A. Ekuador-B., *G. criniger;* NO-Ekuador; 20/22
G. Spitzmaus-O., *Monodelphis* – A. Kolumbien-S., *M. adusta;* O-Panama, Kolumbien, Peru, Bolivien; 11–17/6–7. – A. Dreistreifen-S., *M. americana;* Guayana; N-Brasilien; 8–12/4–8. – A. Ihering-S., *M. iheringi;* SO-Brasilien; 10/5. – A. Kurzschwanz-S., *M. brevicaudata;* Venezuela, Guayana, amazonisches Brasilien. – A. Kuns-S., *M. kunsi;* Bolivien 6/4. – A-Einstreifen-S., *M unistriata;* São Paulo, Brasilien. – A. Rotkopf-S., *M. scalops;* O-Brasilien; 12/6. – A. Haus-S., *M. domestica;* M- u. O-Brasilien nebst Insel Marajo, Amazonasmündung; 12–16/6–8. – A. Brasilien-S., *M. touan;* Guayana, Amazonien, S-Brasilien, Paraguay, N-Argentinien
G. Kurzschwanz-O., *Minuania* – A. Grau-K., *M. dimidiata;* Uruguay u. Rio Grande do Sul; 14/7. – A. Pampas-K., *M. fosteri;* O-Argentinien (Prov. Buenos Aires u. La Pampa); 10/4
G. Patagonien-O., *Lestodelphis* – A. Patagonien-O., *L. halli;* SO-Patagonien; 14/19
G. Zwergopossums, *Marmosa* U.G. *Marmosa* – A. Alston-Z., *M. alstoni;* Honduras bis W-Kolumbien; 17–20/20–28. – A. Anderson-Z., *M. andersoni;* Cuzco, Peru; 16/18. – A. Sierra-Madre-Z., *M. canescens;* Mexiko (Sinaloa bis Chiapas) bis W-Guatemala u. Yukatan; 26–29/13–17. – A. Aschgrau-Z., *M. cinerea;* W-Kolumbien, Venezuela, Guayana, Brasilien bis Paraguay; 15–18/20–25. – A. Vielzitzen-Z., *M. constantiae;* SO-Bolivien, N-Argentinien, Mato Grosso; 15–18/19–21. – A. Amazonas-Z., *M. domina;* mittl. u. unteres Amazonasgebiet; 14–18/23–26. – A. Schatten-Z., *M. fuscata;* N- u. M-Kolumbien, W-Venezuela; 13/14–17. – A. Germana-Z., *M. germana;* M-Peru bis N-Ekuador; 14–20/18–23. A. Anden-Z., *M. impavida;* Anden von Kolumbien, Ekuador u. Peru, W- u. M-Brasilien; 11–15/13–18. – A. Ost-Z., *M. incana;* O-Brasilien; 13–15/16–20. – A. Junin-Z., *M. juninensis;* Bez. Junin, M-Peru; 11/13. – A. Karimi-Z., *M. karimii;* NO-Brasilien; 9,5/7,2. – A. Schön-Z., *M. lepida;* Ekuador, Peru u. Bolivien bis Surinam; 7–12/11–15. – A. Weißbauch-Z., *M. leucastra;* Maranon-Tal, N-Peru; 12/14. – A. Lima-Z., *M. limae;* Ceara, O-Brasilien; 14/23. – A. Mapiri-Z., *M. mapiriensis;* O- u. N-Hänge der Cordillera Real, Bolivien u. S-Peru; 16/20. – A. Schwanzring-Z., *M. mexicana;* S-Mexiko bis M-Panama; 13–18/15–20. A. Maus-Z., *M. murina,* vom Amazonassüdufer um 5° n. Br. nordwärts bis Orinokosüdufer, an O-Küste Brasiliens südwärts bis 10° s. Br., westwärts bis Andenwesthang; 10–16/16–19. – A. Nacht-Z., *M. noctivaga;* O-Panama sowie Andengebiet vom Titicacasee bis Napo, NO-Ekuador u. bis Amazonas-Mittellauf; 11–16/13–21. – A. Augenring-Z., *M. ocellata;* Gebiet von Santa Cruz de la Sierra, M-Bolivien; 14/17. – A. Damara-Z., *M. paravidens,* Damara-Tal, Br. Guayana; 11/14. – A. Langhaar-Z., *M. phaea;* W-Anden von SW-Kolumbien bis SW-Ekuador; 13–17/18–20. – A. Quechua-Z., *M. quichua;* Andenhänge O-Perus bis 1300 m; 11–13/17–20. – A. Rapposa-Z., *M. rapposa;* NO-Bolivien u. SO-Peru; 16–19/20–22. – A. Bo-

gota-Z., *M. regina;* Gebiet von Bogota, M-Kolumbien; 23/22. – A. Blaßbauch-Z., *M. robinsoni* (= *mitis*); von W-Panama mit Saboga- u. S.-Miguel-Inseln bis NW-Peru mit Insel Puna, ferner N-Kolumbien, N-Venezuela mit Margarita-Insel, Guayana, Kleine Antillen, Trinidad, Tobago, Grenada, Perl-Inseln; 12–17/14–20. – A. Rot-Z., *M. rubra;* NO-Ekuador; 14–16/18–22. – A. Schulterborsten-Z., *M. scapulata;* Minas Gereas, O-Brasilien; 16/19. – A. Tyleria-Z., *M. tyleriana;* S-Venezuela; 12/17. – A. Yunga-Z., *M. yungasensis;* Yunga-Gebirge, Bolivien; 13/17

U.G. *Thylamys* – A. Aceramarca-Z., *M. aceramarcae;* Aceramarca-Tal, Yunga-Gebirge, W-Bolivien; 8/11. – A. Schlank-Z., *M. agilis;* südlich Amazonas von Andenosthang bis O-Brasilien u. Paraguay; 10–13/12–15. – A. Agricola-Z., *M. agricolae;* NO-Brasilien; 8/10. – A. Trinidad-Z., *M. carri;* Trinidad; 14/17. – A. Höhen-Z., *M. dryas;* Merida-Cordillere, O-Venezuela; 8/11. – A. Chile-Z., *M. elegans;* Anden-Westseite von Lima bis Valdivia (17° – 40° n. Br.) mit NO-Argentinien; 9–14/11–15. – A. Para-Z., *M. emiliae;* Para, N-Brasilien; 8/15. – A. Grau-Z., *M. grisea;* Paraguay u. N-Argentinien; 11–16/13–19. – A. Marica-Z., *M. marica;* N-Venezuela; 8–10/12–14. – A. Kleinfuß-Z., *M. microtarsus;* SO-Küstengebiete Brasiliens von Rio Grande do Sul bis Rio de Janeiro; 8/14. – A. Kurzschwanz-Z., *M. Pusilla;* S-Bolivien, Paraguay, N- u. M-Argentinien; 9–12/11–12. – Tate-Z., *M. tateï;* Chasquitambo, NW-Peru; 14/13. – A. Unduavi-Z., *M. unduaviensis;* Unduavi-Tal, Yunga-Gebirge, W-Bolivien; 10/12. – A. Samt-Z., *M. velutina;* von Minas Gereas u. São Paulo, SO-Brasilien, bis NO-Argentinien; 7–10/6–8

F. Chiloe-Beutelratten, Microbiotheriidae

G. Chiloe-Beutelratten, *Dromiciops* – A. Chiloe-B., *D. australis;* M-Chile von 37°–42° s. Br. mit Insel Chiloe; 10/10

F. Beutelwölfe, Thylacinidae

G. Beutelwölfe, *Thylacinus* – A. Beutelwolf, *T. cynocephalus;* Tasmanien; 100–110/50–55.

F. Beutelmarder, Dasyuridae

U.F. Beutelmäuse, Phascolaginae

G. Breitfuß-Beutelmäuse, *Antechinus* – A. Hummock-B., *A. minimus;* Tasmanien u. Drei-Hummock-Inseln; 13/8. – A. Swainson-B., *A. swainsoni;* Neusüdwales, Victoria, Tasmanien; 12/10. – A. Gelb-B., *A. flavipes;* fast ganzes australisches Festland; 9–17/8–12. – A. Zwerg-B., *A. maculatus;* N-Neusüdwales bis Golf von Carpentaria mit Inseln Groote Eylandt. – A. Augenfleck-B. *A. bellus;* Arnheim-Land, nördl. Australien; 11/11. – A. Samt-B., *A. melanurus;* fast ganz Neuguinea; 10/12. – A. Seiden-B., *A. naso;* mittlere Gebirgskette Neuguineas von Papua bis Vogelkop; 14/14. – A. Wilhelmina-B., *A. wilhelmina;* mittlere Gebirgskette Neuguineas von Wilhelmina- bis Hagengebirge; 9–11/11–13. – A. Pilbara-B., *A. rosamondae;* Pilbara-Gebiet, W. Australien; 9/6

G. Fettschwanz-Beutelmäuse, *Pseudantechinus* – A. Fettschwanz-B. *P. macdonellensis,* Zentralaustralien; 9–12/17–18. – A. Barkly-F., *P. mimulus,* Barkly-Tafelland südl. Carpentariagolf, N-Australien, 7/7

G. Sprenkelbeutelmäuse, *Parantechinus* – A. Sprenkelb., *P. apicalis;* Küstengebiet von Albany, SW-Australien; dort nur noch bei Cheyne-Beach, stark bedroht, 11–12/8–9

G. Flachkopfbeutelmäuse, *Planigale* – A. Süd-F., *P. tenuirostris;* W-Neusüdwales; Queensland u. S-Australien; nur 7 Exemplare bekannt; 7/5. – A. Nord-F., *P. ingrami;* N-Australien, südl. Carpentariagolf u. N-Queensland; 8/6. – A. Zwerg-F., *P. subtilissima;* Kimberley-Gebiet, NW-Australien; nur rd. 1 Dutzend Exemplare bekannt; 4,5/5 (kleinste lebende Beuteltierart). – A. Giles-F., *P. gilesi;* Zentral-SO-Australien; 7,5/6,5 – A. Neuguinea-F., *P. novaeguineae;* Gebiet von Port Moresby, Papua, SO-Neuguinea; 10/8

G. Pinselschwanz-Beutelmäuse, *Phascogale* – A. Groß-P., *P. tapotafa,* ganz Australien; 20–24/18–22. – A. Klein-P., *P. calura;* SW-Australien; 12/14. – G. Langhaarbeutelmäuse, *Neophascogale.* – A. Langhaar-B., *N. lorentzi;* M- u. NO-Neuguinea; 17–30/17–21

G. Neuguinea-Beutelmäuse, *Murexia* – A. Langschwanz-N., *M. lon-*

gicaudata; NO-Neuguinea mit Japen- u. Aru-Inseln sowie Astrolabegebirge, SO-Neuguinea; 11–20/15–18. – A. Rothschild-N., *M. rothschildi;* SO-Neuguinea; 12–17/15–18

G. Streifenbeutelmäuse, *Phascolosorex* – A. Orangebauch-S., *P. doriae;* mittlere Gebirgslagen d. westl. Neuguineas mit Vogelkop; 15/15. – A. Braunbauch-S., *P. dorsalis;* Gebirge Neuguineas von Vogelkop bis Papua; 13–17/14–15

G. Kammschwanz-Beutelmäuse, *Dasycercus* – A. Süd-K., *D. cristicauda;* Zentral- u. S-Australien; 13–15/8–10. – A. West-K., *D. blythi;* mittleres W-Australien; 13–15/9–10

G. Doppelkamm-Beutelmäuse, *Dasyuroides* – A. Doppelkamm-B., *D. byrnei;* Zentral- u. nördl. S.-Australien; 14–18/13–14

G. Schmalfuß-Beutelmäuse, *Sminthopsis* – A. Rippsohlen-S., *S. leucopus;* S-Queensland bis Victoria u. Tasmanien; 8–9/8–10. – A. Klein-S., *S. murina;* S-Queensland bis SW-Australien; 7–8/8–9. – A. Queensland-S., *S. lumholtzi;* NO-Queensland; 25/12. – A. Polster-S., *S. hirtipes;* Zentral-Australien; 7/8. – A. Sand-S., *S. psammophilus,* Amadeusseegebiet u. Ayers-Rock, Zentral-Australien u. Eyre-Halbinsel, S-Australien; nur noch auf letzterer; 10–11. – A. Kopfstreifen-S., *S. larapinta;* von nördl. S-Australien bis W-Queensland u. W-Neusüdwales; 7–9/9–11. – A. Barkley-S., *S. stalkeri;* Barkley-Tafelland, N-Australien; 7/6. – A. Derby-S., *S. froggatti;* Derby-Gebiet, W-Kimberley; nördl. W-Australien; 7/7. – A. Langschwanz-S., *S. longicaudata;* Pilbara-Marbie-Bar-Gebiet, W-Australien; nur 4 Exemplare bekannt; 10/20. – A. Kornsohlen-S., *S. granulipes;* SW-Australien; 8/5. – A Dickschwanz-S., *S.crassicaudata;* südl. W-Australien bis S-Queensland u. W-Neusüdwales; 7–8/5. – A. Aru-S., *S. rufigenis;* Aru-Inseln; 9/10

G. Springbeutelmäuse, *Antechinomys* – A. Ost-S., *A. laniger;* S-Queensland bis NW-Victoria; bedroht; 8/12. – A. Zentral-S., *A. spenceri;* Zentralaustralien; 8–111/11–14

U.F. Beutelmarder, Dasyurinae

G. Streifen-B., *Myoictis* – A. Streifen-B., *M. melas;* Tiefland-Regenwald von Neuguinea u. Aru-Inseln; 17–25/15–23

G. Flecken-B., *Dasyurus* – A. Tüpfelfleckenb., *D. quoll;* O-Neusüdwales, Victoria, S-Australien; 40–45/20–30

G. Schwarzschwanz-F., *Dasyurinus* – A. Schwarzschwanz-F., *D. geoffroyi;* O-, N-, SW-, S-Australien; 35–45/27–35

G. Fleckschwanz-F., *Dasyurops* – A. Fleckschwanz-F., *D. maculatus;* Queensland, O-Neusüdwales, Victoria, SO-Australien, Tasmanien; 35–75/35–55

G. Zwerg-F., *Satanellus* – A. Zwerg-F., *S. hallucatus;* westl. N-Australien von Coburg-Halbinsel bis M-Küste von N-Queensland; 25–30

G. Beutelteufel, *Sarcophilus* – A. Beutelteufel, *S. harrisi;* Tasmanien; 50/25

F. Ameisenbeutler, Myrmecobiidae

G. Ameisenbeutler, *Myrmecobius* – A. A., *M. fasciatus;* SW-Australien bis W-Neusüdwales u. W-Victoria; 23/17

F. Nasenbeutler oder Beuteldachse, Peramelidae

G. Langnasenbeutler, *Perameles* – A. Rauhhaar-L., *P. bougainvillei;* S-, SW- und W-Australien mit Halbinsel Peron u. Sharkbucht-Inseln, Bernier u. Dorré; ausgerottet bis auf letztere beide Inseln; 21–28/9–11. – A. Wüsten-L., *P. eremiana;* Zentralaustralien; 23–28/11–14. – A. Bänder-L., *P. fasciata;* Neusüdwales u. Victoria; vermutlich ausgerottet. – A. Tasmanien-L., *P. gunni;* Tasmanien; 40/9. – A. Groß-L., *P. nasuta;* östl. Küstenprovinzen O-Australiens von N-Queensland (Cairns-Gebiet) bis Victoria; 30–43/12–17

G. Neuguinea-Nasenbeutler, *Peroryctes* – A. Groß-N., *P. raffrayanus;* NW-Neuguinea mit Vogelkop u. Huon-Halbinsel, NO-Neuguinea; 30–50/14–20. – A. Papua-N., *P. broadbenti;* Papua, SO-Neuguinea; 40/15. – A. Langschwanz-N., *P. longicauda,* Gebirgskette Neuguineas; 24–30/17–26. – A. Mura-N., *P. papuensis;* Muragebirge, SO-Neuguinea; 17–20/14–16

G. Mausnasenbeutler, *Microperoryctes* – A. M., *M. murina;* Weylandgebirge, W-Neuguinea; 17/11

G. Stachelnasenbeutler, *Echimypera.* – A. Japen-S., *E. clara;* Japen-Insel, NW-Neuguinea; 37/10. – A. Flachstachel-Nasenbeutler, *E. kalubu;* größter Teil Neuguineas, ferner Misol-, Waigeu-, Owi-Insel u. Neu-Mecklenburg; 27–45/7–12. – A. Dickkopf-S., *E. rufescens;* W-Neuguinea, SW-Papua, Aru- u. Kei-Inseln, Yorkhalbinsel, N-Australien; 40/10

G. Ceram-Nasenbeutler, *Rhynchomeles* – A. C., *R. prattorum;* 32/13

G. Kurznasenbeutler, *Isoodon* – A. Barrow-K., *I. barrowensis,* Barrow-Insel, W-Australien. – A. Klein-K., *I. obesolus;* ganz Australien mit Franklin – u. Nuytsgruppen-Insel, S-Australien; 24–33/9–14. – A. Groß-K., *I. macrourus;* N-Neusüdwales bis Kap York u. N-Australien sowie S-Neuguinea; 34–41/13–18

G. Schweinsfuß-Nasenbeutler, *Chaeropus.* – A. S. *C. ecaudatus;* südliches Australien von Neusüdwales bis Northam, W-Australien; seit 1926 ausgerottet; 25–10.

F. Kaninchen-Nasenbeutler, Thylacomyidae

G. K., *Macrotis* – A. Groß-K., *M. lagotis;* von M-Neusüdwales u. SW-Queensland bis W-Australienküste; nur noch mittleres N-Australien u. einige Restbestände in NW-Westaustralien u. SW-Queensland? 32–44/20–22. – A. Klein-K., *M. leucura;* Zentralaustralien u. Eyresee-Gebiet, westl. S-Australien; vermutlich ausgerottet

F. Beutelmulle, Notoryctidae

G. B., *Notoryctes* – A. Groß-B., *N. typhlops;* S- bis Zentralaustralien; 15–18/2. – A. Klein-B., *N. caurinus;* Wollal an Eighty-Miles-Bucht, nördl. W-Australien; 9/1

Ordnung Wenighöckerzähner, Paucituberculata

F. Opossummäuse, Caenolestidae

G. Ekuador-O., *Caenolestes* – A. Oro-Opossummaus; *C. caniventer;* Provinz Oro, S-Ekuador; 11–13/11–12. – A. Pichincha- O., *C. convelatus;* Provinz Pichincha, NO-Ekuador; 11/11. – A. Paramos-O., *C. fuliginosus,* Paramos um Chimborazo, N-Ekuador; 11/11. – A. Kolumbien-O., *C. obscurus;* östl. Kordillera Kolumbiens bis W-Grenze Venezuelas; 12/12. A. Ta-

te-O., *C. tatei,* Andenwesthang S-Ekuadors; 11/11

G. Peru-O., *Lestoros* – A. P., *L. inca,* Anden S-Perus; 10/12

G. Chile-O., *Rhyncholestes.* – A. C., *R. raphanurus;* Insel Chiloe u. gegenüberliegendes Festland, südl. M-Chile; 11–13/6–9

Ordnung Zweivorderzähner, Diprotodonta

F. Plumpbeutler oder Wombats, Vombatidae

G. Nacktnasenwombats, *Vombatus* – A. N., *V. ursinus;* Neusüdwales, Victoria, SO-Australien, Bass-Straße-Inseln (ausgerottet), Flinders-Insel, Tasmanien; 70–100

G. Haarnasenwombats, *Lasiorhinus* – A. Victoria-H., *L. latifrons;* SO-Australien, W-Victoria, SW-Neusüdwales; 90–100/–. A. Queensland-H., *L. kreftii;* Zentral- u. mittleres südlichstes Queensland mit anschließendem nördlichsten Neusüdwales; fast ausgerottet; 90–100/5

F. Beutelbären oder Koalas, Phascolarctidae

G. B., *Phascolarctos* A. B., *P. cinereus;* N-Queensland bis S-Victoria; in weiten Gebieten ausgerottet; 60–80

F. Kletterbeutler, Phalangeridae

G. Kusus, *Trichosurus* A. Fuchsk., *T. vulpecula;* Australien, Tasmanien, Bass-Straße-Inseln, Melvill- u. Bathurst-Insel. Eingeführt in Neuseeland; 32–58/24–35

G. Schuppenkusus, *Wyulda* – A. S., *W. squamicaudata;* Kimberleygebiet, NW-Australien; bedroht; 40/30

G. Kuskuse, *Phalanger* – A. Wollk., *P. orientalis;* Kap-York-Halbinsel, NO-Australien, Neuguinea, Bismarck-Archipel, Salomonen, Aru-, Kei-Inseln, Timor, Ceram, Buru, Halmahera u. fast alle kleineren Inseln dieses Bereichs. – A. Gleichfarbk., *P. gymnotis;* fast ganz Neuguinea, Aru-Inseln(?), Wetar(?), Timor(?); 40–48/24–36. – A. Seidenk., *P. vestitus,* fast ganz Neuguinea; 33–52/24–36. – A. Celebesk., *P. celebensis;* Celebes mit Peleng, Sangi-Inseln, Groß-Obi; 27–39/24–31. – A. Fleckenk., *P. maculatus;* Kap-York-Halbinsel, NO-Australien, Neuguinea, Bismarck-Archipel, Waigeu, Salawaki, Misol, Ceram, Amboina, Saleijer bis Peleng, ferner Sangi-, Talaut-Inseln (?) 45–65; 33–54

F. Flugbeutler, Petauridae

G. Streifenbeutler, *Dactylopsila* – A. Großs, *D. trivirgata;* NO-Queensland bis Kap York, Neuguinea im Gebirgsbereich, Aru-, Japen-, Waigeu-Insel, 17–32/24–40. – A. Fergusson-G., *D. tatei;* W-Fergusson-Insel, D'Entrecasteaux-Inseln vor SO-Neuguinea; 25/30. – A. Weyland-G., *D. megalura;* Weyland-Gebirge, W-Neuguinea; 25/30

G. Kleinstreifenbeutler, *Dactylonax* – A. K., *D. palpator;* Gebirgswälder Papuas u. NO-Neuguineas; 20–27/20–24

G. Ringbeutler, *Pseudocheirus* – A. Ostr., *P. peregrinus,* Küstengebiete O-Australiens von Kap York bis SO-Südaustralien; 21–35/32–35. – A. Erdr., *P. occidentalis;* südl. SW-Australien; fast ausgerottet; 33–30. – A. Herbert-R., *P. herbertensis;* NO-Queensland; 256–36/24–33. – A. Buntschwanz-R., *P. caroli;* NW-Neuguinea; 30/37. – A. Forbes-R., *P. forbesi;* NW – SO-Neuguinea; 23–34/23–32. – A. Schlegel-R., *P. schlegeli;* Vogelkop, NW-Neuguinea; 25/25. – A. Zwergr., *P. mayeri;* W- u. nördl. O-Neuguinea; 19/18. – A. Hundr., *P. canescens;* Neuguinea mit Salawati; 20–30/17–21

G. Breitohr-Ringbeutler, *Pseudochirops*
A. Streifen-B., *P. archeri;* Küstengebirge NO-Queenslands; 35/33. – A. Langhaar-B., *P. alberti;* W-Neuguinea mit Japen-Insel; 25–34/22–32. – A. Glanz-B., *B. corinnae;* Gebirge Neuguineas; 30–35/25–37. – A. Kupfer-B., *P. cupreus;* Neuguinea; 43/33

G. Felsenringbeutler, *Petropseudes* – A. F., *P. dahli;* W-Arnheimland, N-Australien; 45–27

G. Lemurringbeutler, *Hemibelideus* – A. L., *H. lemuroides;* NO-Zentral-Queensland; 30/30–37

G. Hörnchenbeutler, *Gymnobelideus* A. H., *G. leadbeateri.* – Cumberlandtal bei Marrysville, Victoria, 15–17/19–20

G. Flugbeutler, *Petaurus* A. Großf., *P. australis;* O-Australien, N-Queensland bis S-Victoria; 30–32/42–48. – A. Mittelf., *P. norfolcensis;* O-Australien, N-Queensland bis Victoria; 21–25/25–28. –

A. Zwergf., *P. breviceps;* SO-, O-, NO-Australien, Neuguinea, D'Entrecasteaus-Inseln, Neupommern, Biak, Owi, Misol, Batchian, Aru-Inseln (?); 12–17/15–20

G. Riesenflugbeutler, *Schoinobates* – A. R., *S. volans;* Küstengebirgsländer von NO-Queensland bis Victoria; 30–48/45–47

F. Bilchbeutler, Burramyidae

G. Burra-Schlafbeutler, *Burramys* – A. B., *B. parvus;* Hotham-Berg, Victoria; fast ausgerottet; 15/10

G. Bilchbeutler, *Eudromicia* – A. Neuguinea-B., *E. caudata;* Gebirge Neuguineas u. Fergusson-Insel; 10/14. – A. Queensland-B., *E. macrura;* Atherton-Haberton-Tafelland, NO-Queensland, 12/13. – A. Tasmanien-B., *E. lepida;* Tasmanien; 7/7,5

G. Schlafbeutler, *Cercatetus* – A. Dickschwanz- S., *C. nanus;* SO-Queensland, Neusüdwales, Victoria; 8–11/9–11. – A. Dünnschwanz-S., *C. concinnus;* südl. SW-Australien, nordwärts bis Sandstone, ostwärts bis Kalgoorlie, sowie Känguruh-Insel, S-Australien, 8/8,5

G. Mausflugbeutler, *Acrobates* – A. Australien-M., *A. pygmaeus;* SO-Australien, Victoria, Neusüdwales, Queensland; 7/7–9. – A. Neuguinea-M., *A. pulchellus;* kleine unbenannte Insel im Norden NW-Neuguineas; sehr selten; 6/6

G. Federschwanzbeutler, *Distoechurus;* – A. F., *D. pennatus;* Gebirge Neuguineas; 10/12–15

F. Rüssel- oder Honigbeutler, Tarsipedidae

G. Rüsselbeutler, *Tarsipes* – A. R., *T. spenserae;* Küstengebiete SW-Australiens von Geroldton bis Esperance; 7–8/9–10

F. Springbeutler oder Känguruhs, Macropodidae

U. F. Moschusrattenkänguruhs, Hypsiprymnodontinae

G. M., *Hypsiprymnodon* – A. M., *H. moschatus;* NO-Queensland; 25/15

U. F. Kaninchenkänguruhs, Potoroinae

G. K., *Potorus* – A. Langschnauzen-K., *P. tridactylus,* O-Neusüdwales,

Victoria, S-Australien, Tasmanien; 40/23. – A. Gilbert-K., *P. gilberti;* SW-Australien; 40/17. – Breitkopf-K., *P. platyops;* Känguruh-Insel, S-Australien; ausgerottet; 35/20

G. Nacktbrustkänguruhs, *Caloprymnus* – A. N., *C. campestris;* nördl. S-Australien bis SW-Queensland; ausgerottet bis auf Reste im östl. Eyresee-Gebiet; 44/36

G. Bürstenkänguruhs, *Bettongia* A. Festland-B., *B. gaimardi;* früher ganze S-Hälfte Australiens bis N-Queensland, heute nur noch an drei Stellen in SW-Australien u. im Ravenshoe-Gebiet N-Queenslands; 26–39/28–31. – A. Tasmanien-B., *B. cuniculus;* Tasmanien; 44/30. – A. Lesueur-B., *B. lesueur;* W-Australien mit einigen Sharkbucht-Inseln bis M-Südaustralien, 36–46/26–31

G. Großrattenkänguruhs, *Aepyprymnus* – A. G., *A. rufescens;* Küstengebiete O-Queenslands u. -Neusüdwales; 36–46/26–31

U. F. Eigentliche Känguruhs, Macropodinae

G. Felskänguruhs, *Petrogale* – A. Bürsten-F., *P. penicillata;* in fast ganz Australien außer Victora u. N-Queensland sowie Mondrain- u. Coombe-Insel, Recherche-Archipel, SW-Australien u. Pearson-Insel, S-Australien; 50–72/42–56. – A. Queensland-F., *P. inornata;* Queensland mit Palm-Insel u. kleinen Küsteninseln; 47–60/40–51. – A. Ringschwanz-F., *P. santhopus;* S-Australien, SW-Queensland, W-Neusüdwales, Victoria; im ganzen Osten des Verbreitungsgebietes ausgerottet, bedroht; 60–80/57–60. – A. Kurzohr-F., *P. brachyotis,* NW- u. N-Australien; 55–90. – A. Longman-F., *P. longmani,* N-Australien mit Grote Eylandt, Golf von Carpentaria; 38–40/35. – A. Wilkins-F., *P. wilkinsi;* Ruperflußgebiet, W-Küste des Golfs von Carpentaria; 50/50

G. Nagelkänguruhs, *Onychogale* – A. Flachnagelk., *O. unguifer;* Küstenstriche von NW-Australien bis N-Queensland; 65/65. – A. Kurznagelk., *O. frenata;* S-Queensland, Victoria, Zentral-Neusüdwales; ausgerottet bis auf letzteres, bedroht; 46–65/38–45. – A. Mond-N., *O. lunata;* SW-, M- u. O-Südaustralien, bis auf Reste im mittleren Zentral-Australien ausgerottet; 50/33

G. Hasenkänguruhs, *Lagorchestes* –

A. Langohr-H., *L. leporides;* M- u. W-Neusüdwales u. O-Südaustralien; vermutlich ausgerottet; 45–50/30–32. – A. Zottel-H., *L. hirsutus;* M- u. S-Westaustralien mit Bernier- u. Dorré-Insel, Sharkbucht; ausgerottet bis auf diese Inseln u. Reste in Tanami-Wüste, N-Australien; 37–45/25–31. – A. Brillen-H., *L. conspicillatus;* NW-Australien bis NW-Queensland, mit Barrow- u. Trimouille-Insel; 47–52/40–46. – A. Inkerman-H., *L. pallidior,* Inkermangebiet, Küste N-Queenslands; 50/43

G. Bänderkänguruhs, *Lagostrophus* – A. B., *L. fasciatus;* W-Australien mit Barrow-Insel u. Bernier-, Dorré- u. Dick-Hartogs-Insel, Sharkbucht; bis auf Inseln ausgerottet; 40/40

G. Zwergsteinkänguruhs, *Peradorcas* – A. Z., *P. concinna;* NW- u. N-Australien; 35–40/30–33

G. Buschkänguruhs, *Dorcopsis* – A. Streifen-B., *D. veterum;* Neuguinea von S-Papua mit Yule-Insel bis Vogelkop mit Misol-, Salawati- u. Waigeu-Inseln; 42–70/30–45. – A. Goodenough-B., *D. atrata;* Goodenough-Insel östl. NO-Neuguinea; 50–63/33–38. – A. Hagen-B., *D. hageni;* Nordhälfte Neuguineas; 50–70/35–55

G. Bergkleinkänguruhs, *Dorcopsulus* – A. Macleay-B., *D. macleayi;* Gebirge um Port Moresby, SO-Neuguinea; 55/30. – A. Huon-B., *D. vanheurni;* Gebirge W-, M- u. O-Neuguineas bis Huon-Halbinsel; 39–48/27–30

G. Kurzschwanzkänguruhs, *Setonyx* (= *Setonix*) – A. K., *S. brachyurus;* SW-Australien mit Rottnest- u. Bald-Insel, 60/25

G. Baumkänguruhs, *Dendrolagus* – A. Lumholtz-B., *D. lumholtzi;* NO-Queensland; 50/50. – Bären-B., *D. ursinus;* Vogelkop bis Huon-Halbinsel, Neuguinea; 53–90/46–85. – A. Matschie-B., *D. matschiei;* Huon-Halbinsel, NO-Neuguinea; 80/60. – A. Goodfellow-B., *D. goodfellowi;* östl. Neuguinea; 75/80. – A. Delta-B., *D. deltae;* Prattgebirge, NO-Deltagebiet, Papua; 66/62. – A. Dattelfarben-B., *D. spadix;* W-Papua; 80/85. – A. Doria-B., *D. doriae* von Wondiwoi-Gebirge, W-Neuguinea bis O-Papua, ferner NO-Queensland; 60–78/43–63

G. Filander, *Thylogale* – A. Rotbauch-F., *T. billardieri;* SO-Südaustralien (ausgerottet), S-Victoria, Bass-Straße-Inseln, Tasmanien; 65/35. – A. Eugene-F., *T. eugenii;* Küstengebiete S-, SW- u. W-Australiens mit vorgelagerten Inseln; 55–70/33–42. – A. Parma F., *T. parma;* Küstengebiet von Neusüdwales, ausgerottet bis auf ein Vorkommen in N-Neusüdwales; ausgesetzt auf Kawau-Insel, Neuseeland, dort noch vorhanden; 60–65/40. – A. Rothals-F., *T. thetis;* Küstengebiete Neusüdwales u. S. Queenslands; 54–62/38–40. – A. Rotbein-F., *T. stigmatica;* Küstengebiete NO-Neusüdwales bis Kap York sowie S-Papua, Neuguinea; 70/37. – Neuguinea-F., *T. bru-*

nii; Neuguinea mit Aru- u. Kei-Inseln, Herzog-von-York-Insel und Bismarck-Archipel; 55–70/30–34

G. Mittelkänguruhs oder Wallabis, *Protemnodon* (= *Wallabia*) – A. Schönwallabi, *P. canguru;* Küstenbergländer O-Australiens von Sydney bis Kap York; zwischen Sydney und Rockhampton ausgerottet; 80/75. – A. Sumpfi-W., *P. bicolor;* Küstengebiete O-Australiens von SW-Victoria bis Kap York; 80/65. – A. Bennettw., *P. rufogrisea;* SO-Südaustralien, Victoria, Neusüdwales bis S-Queensland, Bass-Straße-Inseln, Flindersinsel, Tasmanien, 70–90/65–75. – A. Aalstrichw., *P. dorsalis;* Küstengebiete von Neusüdwales u. SO-Queensland nordwärts bis Rockhampton; 65–70/50–60, – A. Irmaw., *P. irma;* SW- u. SO-Südaustralien; 78/72. – A. Sandw., *P. agilis;* von NW-Australien bis N- u. SO-Queensland sowie SW-Neuguinea bis Papua mit Kiriwina- u. Trobriand-Insel; 77/60–85

G. Großkänguruhs, *Macropus.* – A. Ost-Bergkänguruh, *M. robustus;* östl. Hälfte Australiens; 75–140/60–90. – A. Graugroßkänguruh, *M. gigantea;* NO-Queensland bis S- u. SW-Australien, Tasmanien, 85–140/75–100. – A. Känguruhinsel-Großk., *M. fuliginosus;* Känguruhinsel vor York-Halbinsel, N-Australien; 85–140/75–100. – A. Riesenkänguruh, *M. rufus;* M-, West-, Zentral-, S- u. O-Australien; in vielen Gebieten ausgerottet; 100–160/65–105

Register

Eine Zahl mit Sternchen (*) bedeutet, daß sich das Stichwort in einer Bildunterschrift auf der betreffenden Seite findet

Bildnachweis

Die Zahlen verweisen auf die Seiten.

1 Jeff Foott; 2–3 Hans und Judy Beste/ Tom Stack and Associates; 4–5 Gert Behrens/Ardea London; 8–9 Clem Haagner/Bruce Coleman, Inc.; 14 The National Space Administration, Gemini V orbit; 16–17 Edward S. Ross; 19 Robin Smith; 20 David Muench; 21 oben Gert Behrens/Ardea London, unten Edward S. Ross; 22–23 Loren A. McIntyre; 24 Robin Smith; 25 David Muench; 26–27 Wardene Weisser/Ardea London; 28–29, 30 David Muench; 32–33 Ralph H. Williams/Bruce Coleman, Inc.; 34 Loren A. McIntyre; 36–37 George Holton; 38–39 Steven C. Wilson/Entheos; 41 Edward S. Ross; 42–43 Michael Morcombe; 44 oben Edward S. Ross, unten Jeff Foott; 46–47 obere Reihe: links Edward S. Ross, Mitte Steven C. Wilson/Entheos, rechts D. Dee Wilder; untere Reihe: links Stanley Breeden, Mitte Edward S. Ross, rechts M. P. Kahl/Bruce Coleman, Inc., unten Karl H. Switak/ Natural History Photographic Agency; 48–49 Steve Crouch; 50 Stephen J. Krasemann; 52 unten Animals Animals/Hans und Judy Beste; 52–53 Willis Peterson; 54 Perry Shankle; 55 Tom Nebbia; 57 Wyman P. Meinzer; 58 Edward R. Degginger; 60–61 Michael P. L. Fogden; 62 Tom Nebbia; 64–65 Giorgio Gualco/Bruce Coleman, Inc.; 66 oben Carol Hughes/Bruce Coleman, Inc., unten Rod Borland/Bruce Coleman, Inc.; 67 Anthony Bannister/ Natural History Photographic Agency; 68–69, 70 Edward S. Ross; 72–73 obere Reihe: Edward S. Ross; untere Reihe: links Anthony Bannister, Mitte Edward S. Ross, rechts Moira Borland/ Bruce Coleman, Inc., unten Edward

S. Ross; 75 Edward S. Ross; 76–77 Clem Haagner/Ardea London; 78 oben Tom Nebbia, Mitte L. Lyon/Bruce Coleman, Inc., unten Eric R. Pianka; 80–81 Clem Haagner/Bruce Coleman, Inc.; 82 M. Philip Kahl; 84–85 Varin-Visage Collection/Jacana; 86–87 George Holton/Photo Researchers, Inc.; 88 Georg Gerster/Photo Researchers, Inc.; 90–91 Brian Brake/ Photo Researchers, Inc.; 92 Gianni Tortoli/Photo Researchers, Inc.; 93 Oxford Scientific Films; 94–95 Belinda Wright; 96 Georg Gerster/Photo Researchers, Inc.; 98 unten Stanley Breeden; 98–99 George Holton; 101 Kenneth W. Fink/Bruce Coleman, Inc.; 102–103, 104 Oxford Scientific Films; 107 G. K. Brown/Ardea London; 108–109 George Holton; 110 David Muench; 113 unten Steven C. Wilson/ Entheos; 112–113 Animals Animals/ Stouffer Productions; 114–115 Harry Engels; 117 Gary R. Jones/Bruce Coleman, Inc.; 118 oben Jonathan T. Wright/Bruce Coleman, Inc., unten und 120–121 Charles G. Summers, Jr./ Bruce Coleman, Inc.; 123 Jeff Foott; 124–125 Michael P. L. Fogden; 126 Gunter Ziesler/Photo Researchers, Inc.; 129, 130–131 Loren A. McIntyre; 132 Des Bartlett/Bruce Coleman, Inc.; 134–135 George Holton; 136 David Muench; 138–139, 140 Steven C. Wilson/Entheos; 141, 142–143 Edward R. Degginger; 144 Wyman P. Meinzer; 146–147 Kenneth W. Fink/Photo Researchers, Inc.; 149 oben Mitte Edward R. Degginger, unten Animals Animals/Z. Leszczynski; 150–151 Tom McHugh/Photo Researchers, Inc.; 152 Stephen J. Krasemann; 153 Raymond A. Mendez; 154–155 obere Reihe: links Raymond A. Mendez, Mitte

J. A. L. Cooke/Oxford Scientific Films, rechts Edward S. Ross; untere Reihe: links D. Dee Wilder, Mitte Edward S. Ross, rechts Raymond A. Mendez; unten Michael P. L. Fogden; 156 Russ Kinne/Photo Researchers, Inc.; 157, 158–159 Michael P. L. Fogden; 161 David Muench; 162–163 Jen und Des Bartlett/Bruce Coleman, Inc.; 164 Steven C. Wilson/Entheos; 166–167 Stephen J. Krasemann/Photo Researchers, Inc.; 168, 170–171 Stanley Breeden; 172 Robin Smith; 174 Michael Morcombe; 175 oben Douglas Baglin/Natural History Photographic Agency, unten Gary Steer; 176, 178 unten Michael Morcombe; 178–179 Stanley Breeden; 181 Animals Animals/Hans und Judy Beste; 182–183 Graeme Chapman/Ardea London; 184 oben Stanley Breeden, unten Robin Smith; 186 oben Stanley Breeden, unten Eric R. Pianka; 187 Edward S. Ross; 189 oben Robin Smith, Mitte links G. R. Roberts, Mitte rechts Eric R. Pianka, unten und 190–191 Stanley Breeden.

Der Verlag dankt folgenden Wissenschaftlern für ihren Rat: Eric Pianka, Prof. d. Zoologie, The University of Texas; John Ferrand jun., The American Museum of Natural History.
Für die Seiten 194–197, 200–201 und 204–207 Allen Rokach, The New York Botanical Garden; 198–199, 202–203 und 216–221 Eric Pianka; 208–215 Richard Spellenberg, New Mexico State University
Die Zeichnungen fertigten für die Seiten 194–197 und 200–215 Paul Singer, 198–199 und 216–221 Dolores Santoliquido.
Die Karte auf Seite 12–13 zeichnete Herbert Borst, Francis & Shaw, Inc.